中学校体育 全学年対応

公益財団法人
日本サッカー協会 著

サッカー指導の教科書

東洋館出版社

はじめに

① 本書の趣旨

「体育の授業でやったサッカーが楽しかった」

サッカーの普及、発展を目指す競技団体としての想いはここにあります。この一点に絞られるともいえます。

体育授業には学校教育としての目的や目標があり、教材としてのサッカーが必ずしもその楽しさを生徒に経験させるものとして位置付けられていないことも十分に理解しています。そのうえで、公益財団法人日本サッカー協会(以下、JFA)として、体育でのサッカーの授業の展開案を作成しました。

JFAにはサッカーの指導に関わる多くの経験と知見があります。選手の育成、指導者養成、世界で戦う日本代表チームの強化、さらに、生涯にわたって誰もがいつでも安心、安全にサッカーを楽しむための環境づくりにさまざまな取り組みをおこなっています。サッカー上達のための学習課題や指導者から選手への効果的な働きかけ方などは、体育授業での教授法とも関連します。

日本代表チームの影響でサッカーへの興味や関心が広がるなかで、JFAは常にサッカーがもつ社会的価値をより多くの人に認めてもらえるような活動をしています。文化としてのサッカーを学ぶさまざまな材料を蓄積しています。これらは体育授業においても有効に使うことができると考えています。

本書は、主にサッカーが専門でない体育の先生方を念頭に作成しました。JFAから学習指導要領に示されている指導内容について、サッカーの本質に触れ、サッカーの楽しさを多くの人に経験してほしいとの思いを込めて、中学校体育の授業という枠組みや条件に沿う形で、「何を」「どのように」指導するかの一つの提案として提示するものです。参考にしていただき、授業展開の一助となれば幸いです。

② 本書の構成

　第1章では、「サッカーの魅力と特性」「JFAが提案する指導における基本的考え方」を整理しています。

　第2章では、中学校の各学年における単元の展開例を示しています。具体的には、各学年におけるメインの流れとして実施する『導入』『活動①』『活動②』『ゲーム』それぞれの「場の設定」「活動のねらい」「活動の目安」「生徒の実態に応じた工夫」「指導（言葉がけ）のポイント」を示しています。また、各学年における「オプション」の『導入』『活動』『ゲーム』も示していますので、適宜、参考にしてください。加えて、学年段階に応じた「単元計画例」「評価規準の設定例」「展開例（1単位時間の指導案例）」「学習カード例」も掲載しています。なお、評価規準例は、「中学校学習指導要領（平成29年告示）解説 保健体育編」の指導内容の例示、「『指導と評価の一体化』のための学習評価に関する参考資料」の考え方を反映して作成しています。

　第3章では、中学校第3学年を例に、サッカー大会の企画・運営を取り入れた学習過程の工夫例、ブラインドサッカーを体験するための授業例、ICT機器を利用した授業例（反転授業やゲーム分析等）を示しています。同時に、サッカーの単元を学習するなかでの「知識」の捉え方、取り上げ方について整理しています。

　本書は、掲載している内容をそのまま適用すれば、学習成果が向上するというマニュアルを提供するものではありません。学校の状況（施設・用具条件、クラスの人数、年間指導計画上のゴール型サッカーに配当されている時間数等）や、生徒の実態（既習事項、技能レベル、サッカーへの興味・関心、サッカー部所属生徒数等）に応じて内容を組み替えたり、一部分のルールや人数を修正したりするなど、柔軟に活用いただければ幸いです。

文献

1）国立教育政策研究所教育課程センター：「指導と評価の一体化」のための学習評価に関する参考資料　中学校 保健体育，東洋館出版社，2020年
2）文部科学省：中学校学習指導要領（平成29年告示）解説 保健体育編，東山書房，2018年

目　次

第 3 章
教材としてのサッカーの活用 ··· 175

奥付

第 ① 章

サッカー授業の前に
知っておきたいこと

サッカーの魅力や特性

① 教材としてのサッカー ─────────────

　ボールを足で操作することが、ほかのゴール型ゲームと大きく異なるサッカーの特性です。この特性を体育の教材としてどのように生かすことができるのか。サッカーが選ばれる教材になるために極めて重要なポイントです。一般的に足でボールを操作する技能の獲得は難しいと思われています。また、経験者と未経験者の技能差が大きいこともサッカーの授業の難しさとしてあげられます。

　体育授業で学ぶ技能は、サッカーに限らずどの競技も難しいものです。たとえば、陸上競技の走・跳・投の基本的な技能は簡単なように見えます。しかし、これらの技能もどのレベルを目指すのかによって難度は大きく異なります。器械運動を苦手としている生徒は少なくありません。さらに、手でボールをあつかうバレーボールやバスケットボールも決して簡単なものではなく、体育授業のなかで習得できる技能は限られています。

　サッカーだけが特別に技能習得が難しいわけではありません。むしろほかのボールゲームと比較すると、ゲームの成立はサッカーのほうが簡単です。バレーボールの場合、ネット越しにボールを打ち込むゲームが成り立つには生徒がボールを手で正確に打ち上げる技能が必要です。ボールを正確にキャッチすることができなければ、野球やソフトボールなどのゲームを十分に楽しむことはできません。

　サッカーではボールを止めることがうまくできなくても、体をボールの近くに動かせばなんとかボールの保持ができます。味方へのパスがねらったところと違っても、味方が動いてボールに触ってくれればパスは成功です。またバスケットボールのようにボールをもって動くことができる歩数制限、決められた時間内でシュートをうたなければならないといったルールはプレーを難しくします。しかし、サッカーでは、手でボールをコントロールできないこと以外

に、ほとんどプレーに制限がありません。

　足を使ってボールを操作するという非日常性、ゲームのルールがシンプルで直感的にプレーすることができる簡便性が、サッカーの特徴です。技能レベルが違ってもゲーム中のプレーの仕方には自由度が大きいので、それぞれの技能レベルに応じてプレーを選択し、仲間との協力で十分にゲームが成立します。「チームとして勝敗を競うゲーム」の楽しみを手軽に経験できることがサッカーの教材としての魅力です。この手軽さが世界中でサッカーが親しまれている大きな理由の一つです。

2　生涯スポーツとして

　幼児や小学校低学年からサッカーが経験できるクラブが多くあります。チームとして競技大会を目指すクラブだけでなく、サッカーの技能を教えてくれるサッカースクールなどもあります。中学校や高校では学校の部活動としてサッカーに取り組む人もいますし、学校外のクラブでプレーする人もいます。さらに、大学では競技としてのサッカー活動もあり、いわゆるサークル活動としてレクリエーションとしてサッカーを楽しむこともできます。

　学校を卒業し社会人になってもサッカーを楽しむ環境は多くあります。企業内リーグといったプライベートなゲーム環境から、市町村レベルから都道府県、さらには地域や全国単位の社会人リーグが整っておりレベルに応じてプレーできます。さらには、最近はシニアのサッカーも盛んで、JFA が主催する70 歳以上の大会もあります。

　このようなゲーム環境の整備は女性のサッカーでも同様に進められています。サッカーをする女性は徐々に増えており、トップレベルでは世界で優勝したこともあります。プロリーグも始まりました。男性と同様、さまざまな年代、レベルでサッカーを楽しむ環境が広がってきています。

　レクリエーションとしてのサッカーであれば男女をあえて分ける必要はなく、一緒に楽しむのも良いでしょう。一方で、女性だけでプレーする機会もあって当然です。あらゆる年齢層でそのような場を増やし、身近で楽しめるように、そしてサッカーをしたいすべての人が選べるようにすることが必要だと考えています。

　フットサルは競技種目としてはサッカーとは異なりますが、JFA ではフット

サルもサッカーの仲間として普及や強化に取り組んでいます。フットサルはサッカーよりも小さいコートでプレー人数も少なく、個人で参加してゲームを楽しむシステムもあり、サッカーよりも手軽にプレーすることができます。多くの人が楽しむ入り口として期待されます。

　また、本来のサッカーとはちょっと違ったスタイルのサッカーとして「ウォーキングサッカー」というゲームにも注目が集まっています。ゲーム中に走ることが禁じられているので、体力に自信がない人も一緒にプレーを楽しむことができます。子どもから老人まで男女にかかわらず一緒にプレーできるのも魅力です。

　JFAでは2014年に「年齢、性別、障がい、人種などに関わりなく、誰もが・いつでも・どこでも、サッカーを身近に心から楽しめる環境を提供し、その質の向上に努める」という内容のグラスルーツ宣言をおこないました。サッカーに関わるすべての人々を支え、サッカー、そしてスポーツが生涯にわたって生活の一部となり、より豊かなスポーツ文化を育むことを目指しています。

3　サッカーとの関わりを広げる

　サッカーにはプレーする楽しさに加えて、「見る」「支える」「知る」スポーツとしての魅力も多くあります。競技としてのサッカーを国際的にまとめているのが国際サッカー連盟（FIFA）です。FIFAには200を超える国や地域が加盟しており、サッカーの広がりが世界的にあることが分かります。4年に一度開催されるワールドカップの決勝は10億人がライブでテレビ観戦したとの報道もありました。

　ワールドカップのような大きな大会だけでなく、国内のプロリーグ（Jリーグ）を「見る」ことを楽しみにしている人たちが多くいます。春から秋の終わり頃まで続くリーグをとおして特定のチームを応援し、時にはスタジアムで、時には映像をとおしてサッカーを「見る」ことで、チームの勝ち負けや、気候などの状況によるゲームの雰囲気の違いなども楽しむことができます。さらに、懸命にプレーする選手たちの姿から夢や感動を得ることもあるかもしれません。女子もプロリーグが2021年から始まっています。

　また、「支える」側からサッカーに関わることもできます。ゲームでは審判が必要です。審判を職業としている人たちもいますが、多くはボランティアで

す。ただしボランティアといっても、審判には資格が必要です。ルールの理解や審判法、体力などによって4級から1級までのランクに分けられ、規模が大きい大会になるとより上級の審判員が配置されます。

　指導者も「支える」側の一つです。審判と同じように指導者資格制度が整っており、C級、B級、A級、S級ライセンスへと段階的に進んでいく仕組みになっています。このほかにも、ゴールキーパーコーチやフィジカルコーチといった専門的な資格もあります。さらに、指導者というよりは、サッカーを支える人のための資格として、D級やキッズリーダーといったものがあります。

　審判、指導者だけでなくサッカー関連のイベントを運営するという関わりもあります。サッカースタジアムで開催されているゲームへ行くと、そこではいろいろな人が関わっていることに気づくはずです。直接目にすることができる活動だけではありません。裏方としてサッカーを支えている人たちも多くいます。

　そして、サッカーをキーワードにして知的な楽しみもできます。わたしたちが生きる社会においてサッカーがどのような影響を与えるのかといった人文科学的な考察から、サッカーでプレーされる動作のバイオメカクス的な分析や、サッカー選手の体力やメンタルに関する生理学や心理学からの分析といったサッカーサイエンスは世界中で研究が進められています。サッカーのゲームはシンプルですが、その分両チームのメンバーがピッチ上を自在に動き回り、さまざまな現象が起こります。そのなかに潜むさまざまな規則性を明らかにできないかといった数学的な視点からの研究もなされています。知的好奇心をくすぐることがサッカーにたくさんあります。

　このようにサッカーの楽しみは多様です。サッカーの授業をとおして自分なりのサッカーとの関わりを見つける良い機会を与えることが大切です。

JFA が提案する指導における基本的考え方

　サッカーの楽しみはさまざまです。人によって違いがあることは十分に理解しています。それでも、わたしたちはぜひサッカーのゲームを楽しんでほしいと考えています。攻めるゴールと守るゴールがあり、仲間と協力しながら相手と得点を競い合う。オフサイドや間接フリーキックといった少しややこしいと感じるルールもありますが、決められた大きさのピッチのなかで、主に足を使ってボールを運び、ゴールのなかにボールを入れるという非常にシンプルなゲームがサッカーです。

　そのなかでいろいろなことが起こります。うまくボールをドリブルで運ぶことができたり、パスが正確に味方につながったり、シュートが気持ちよくゴールに飛んでいったりしたときの爽快感は格別です。その逆にミスをしたり、相手にボールを奪われたり、抜かれたりしたときの悔しさは、次へのやる気を引き出してくれます。

　また、仲間が自分のプレーをカバーしてくれます。パスがねらいと外れても、味方が動いてボールに追いつけばパスは成功です。ボールに直接触る回数が少なくても、攻守でチームに貢献することができます。味方をサポートする動きで相手は混乱します。守備のカバーリングの動きが相手のプレッシャーになります。これもまたサッカーの醍醐味です。だからこそ、ゲームにあれこれ特別なルールを設定する必要はありません。サッカーそのものをまるごと楽しませたい。できるだけシンプルな形でゲームをすることが大切です。

②　発見に導くこと（Guided discovery）と直接的指導のバランス

　ゲームに向かって展開されるそれぞれの課題で大切にしたいことは、生徒自身がその課題での解決方法に気づき、見つけることができるように仕向けることです。Guided discovery と呼ばれる手法です。

　それぞれの課題での目標を達成したり、相手との競争で勝つために何をしたら良いのか、どのような戦術が効果的なのかを常に考えながら活動（プレー）させるためには、教師からの適切な声かけや、問いかけが必要です。答えを与えるのではく、ヒントや気づきを引き出すきっかけを与えるのです。学習の場や課題の条件等を変えることでも、生徒達自身での発見が促されます。教えられたことよりも多くのことが、自らの試行錯誤からの発見によって学ぶことができます。攻撃側を1人多くすることで、空いているところを余裕をもって見つけやすくするのも、その一つの方法です。

　ただし、基礎となる技術のポイントや、ルールなどは直接的に指導するほうが効果的です。その際には指導のポイントを絞り、簡潔に伝えることが大切です。ここで多くの時間を使ったり、指導のポイントを外してしまうと、学習の効果が上がらず、生徒達の意欲を削いでしまうことになりかねません。生徒の気づきや発見を偶然に任せるのでなく、適切な課題設定と、教師からの間接的な、また必要に応じて直接的な働きかけがバランス良くタイムリーになされることが重要です。

③　授業展開の構想はゲームから逆算

　サッカーの本質、目的はゲームであり、サッカーの授業のハイライトは最後のゲームです。このゲームでの様相を目標にして、そこから逆算して授業の展開を構想する方法を推奨しています。最終的にこんなゲームをしたい。そのために、その前までにこんなことができるようになっている必要がある。それができるようになるためには、こんなことが必要である……、のように考えていきます。もちろん、最後のゲームの理想が高くなり過ぎると、それぞれの授業

が消化不良になり、結局何もできるようにならない、となるかもしれません。逆に目標設定が低くなれば、毎回の授業が退屈なものになってしまうかもしれません。つまり、授業展開を計画する時には、生徒の現状を知り、これまでの学習内容を振り返り、適切な目標を設定することが鍵になります。

　サッカーのゲームで必要な技術や戦術、ルールをあげればキリがありません。しかし、それらすべてがそろわないとゲームにならないかといったらそんなことはありません。むしろそれほど多くの技術や戦術的な理解がなくても十分にサッカーのゲームは成立します。したがって、ゲームの目標設定では「常にゴールに向かう意識をもって攻撃する。相手の守備状況に応じてサイドのエリアを使って攻撃する。守備では積極的にボールに向かっていく。仲間と協力しながらゴール前の守備を厚くする」などといったゲームの全体像をまずは明確にしましょう。

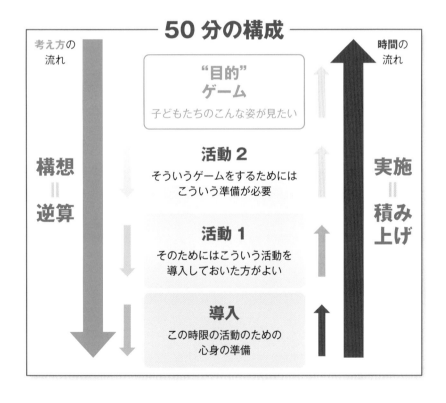

4 技能差の克服を目指して
（苦手な子、得意な子の考え方）

　サッカーの技能レベルの違いは、授業が難しくなる要素の一つです。そのため、ルールや条件をつけることで、その差を埋める工夫が多くの授業でおこなわれています。しかし、限られた時間のなかで、レベル差を補いすべての生徒に同じような経験をさせることは難しいです。それよりもそれぞれの生徒がもっている技能に応じた楽しみ方を学ぶことに重点をおくほうが良いと考えます。サッカーはチームプレーです。チームで協力しながら攻防することでチームの勝利につながります。特別ルールであえて全員をプレーに関わらせようとしなくても、普通にゲームをすることで全員がプレーに関わり、チームに貢献できます。少人数制ゲームにすれば、より全員が常に関わりやすい状況となります。また、サッカーのゲームにはボールを直接プレーしない局面が多くあり、そのプレーがゲームでは非常に重要です。さらに、守備の局面は誰もが貢献でき協力しあえる部分です。ボールに直接プレーする以外の、いわゆるオフザボールでのプレーを理解し実行できるよう働きかけることで、サッカーが苦手と感じている生徒であっても、なんとかプレーに関わりたい、楽しみたいと思えるように仕向けたいです。

　また、部活動や地域のクラブでやっている技能の高い生徒達にも充実した時間になるように、うまく活用する工夫をしましょう。同時に、それらの生徒達だけの時間になってしまわないよう、十分な配慮が必要です。

5 レベルに応じた目標設定
（スランティライン（斜線）理論）

　JFAでは、低年齢の子どもたちへの指導において、Musuka Mosston博士が提唱した「スランティライン理論」の考え方を大切にしています。これは、子どもの遊びであるロープ跳びを使って説明されています。

　ロープ跳びでは、ある高さのロープを超えることができたらその高さが上がっていきます。普通ロープは床に平行に設定され、跳べなければそこでその

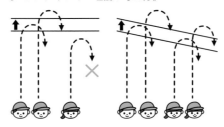

《スランティライン理論の考え方》

子の挑戦は終わりです。多くのスポーツ指導ではこのように、できる子には次のチャンスが与えられ、できなかった子はそこで終わってしまいます。それでは、いちばん練習や成功体験が必要な子どもたちに挑戦の機会を与えることができません。そこで、ロープを斜めにすることで、自分の力に応じた高さに挑戦し、クリアできれば次に進めるように設定するといった考え方です。それぞれが自分にとって少し難しいことへのチャレンジを促すことが重要です。このような視点が授業のなかでもあれば良いと考えます。特にいちばん練習が必要な人が最初にその機会を失ってしまうような課題設定をしないように注意する必要があります。

⑥ いろいろな形のゲーム

　サッカーのゲームは 11 人制が基本です。しかし、JFA では 12 歳以下の大会では 8 人制でおこなっています。ピッチサイズも 11 人制よりも小さくなっています。さらに、それ以下の年代のゲームでは、5 人制や 4 人制といった少人数でピッチサイズを小さくしたゲームを推奨しています。これには、子どもの成長段階や、その年代や技能レベルを考慮し、ボールに触れる機会や、仲間との協力の程度、さらにはよりゲームの楽しさを経験できるようにとの意図があります。プレーヤーの数が少ないことでスペースや時間に余裕ができます。また、一人一人が関わる状況ができやすくなります。
　ゲームのなかでの特別ルールを設定することはあまりありませんが、ピッチの大きさや、プレーする人数を変えることは多くあります。また、ゴールの代わりにライン通過をゴールとするような設定もあります。さらにミニゴール

（コーンでも良い）を使って複数ゴールを設定することもできます。また、ピッチの中央にゴールを置くことで、多様なシュート機会をつくるといったこともおこないます（図）。

　これらを変えることによって、学ぶ内容を調整することができます。

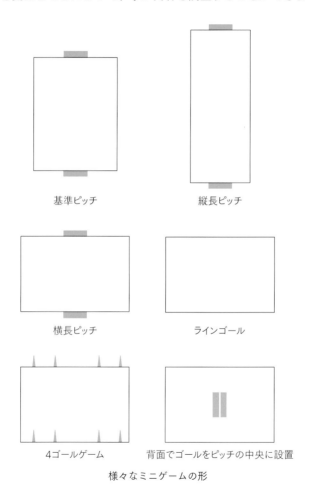

基準ピッチ　　　　　　　　縦長ピッチ

横長ピッチ　　　　　　　　ラインゴール

4ゴールゲーム　　　　背面でゴールをピッチの中央に設置

様々なミニゲームの形

　ルールではボールについての規定が示されています。また、ボールの品質はさまざまであり、どれを授業で使ったら良いかは悩みどころかもしれません。JFA は、小学校の授業では、軽量ボールやローバウンド（弾みにくい）ボールを使うことを推奨しています。さらに新聞紙を丸めてビニール袋に入れて、ガムテープをぐるぐる巻いてつくる「新聞ボール」なども、飛びすぎずコントロールしやすいため、効果的に使えます。

　弾み過ぎるボール（例えば、ドッジボールなどで使われるゴムボール）は蹴ったボールが勢いよく飛んでいってしまったり、トラップする時のコントロールが難しいです。一方で、公式戦で使用するようなボールは、サッカーを専門的にプレーしない人にとっては固くて足が痛い、体に当たると痛くて怖いと感じることもあります。

　そのため、公式ボールの空気を少し抜いたものや、フットサルボール（ローバウンド）を使っても良いでしょう。軽量ボールも悪くはありませんが、ボールを蹴った時の感覚と実際のボールのスピードや強さにズレがあり、あまり心地よいものではないと思います。技術発揮の難度とボールへの恐怖心、さらに

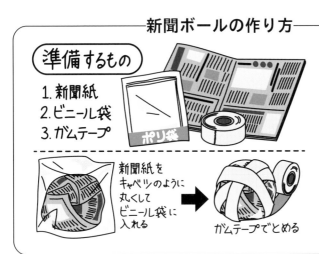

新聞ボールの作り方

準備するもの
1. 新聞紙
2. ビニール袋
3. ガムテープ

ポリ袋

新聞紙をキャベツのように丸くしてビニール袋に入れる

ガムテープでとめる

ボールを止められない子には、新聞ボールが有効。ボールが転がりすぎないため、技能が安定しない子の助けとなる。

ボール感覚の経験のバランスを考慮して、ボールを選択してください。

　サッカーゴールはできればネットを張ってください。シュートがネットを揺らす感覚は大切にしたいです。ミニゴール（ハンドボールゴールも含む）もあれば積極的に使ってください。ゴールの設置では常にゴールの転倒防止の配慮が必要です。砂袋などで抑える方法が一般的です。ミニゴールがない時は、三角コーンを使ってゴールの代用ができます。ネットがないので、ゴールの背後に人を配置したり、ボールが遠くに飛んでいって、拾うのに時間がかかることがないように場を工夫する必要があります。

⑧ 全員ができるだけプレーをたくさんすること

　限られた時間のなかで、プレーしている時間をできるだけ多く確保する工夫が必要です。そのためには、適切な場の設定が大切です。1時限のなかで展開する課題は複数あります。それぞれの課題で、その都度用具などを大きく動かす必要がない場が理想です。また、待ち時間が少なくなるようにグループの人数やプレーできる場所を複数にするなどにも配慮が必要です。もちろん場所の広さや用具の数などの制約はありますが、使えるものを最大限に利用しましょう。

　体を動かしながら学習することが体育の大きな特徴であり、その経験をすべての生徒に十分に与えられる工夫が常に求められます。サッカーをプレーしなければ決してサッカーは上達しません。サッカーが少しでも上手くなったと感じられる授業にするにはプレーの確保が絶対に必要です。

⑨ 技能発揮に生きる知識に支えられた思考力、判断力をサッカーから学ぶ

　ただ闇雲にボールをキックしたり、ドリブルしたりしても、サッカーを上手くプレーできません。また、サッカーはチームでプレーするので、味方同士の意図を一致させることが必要です。そのためには、子どもたちにサッカーの技術やゲームで効果的にプレーするための知識を与える必要があります。この知

識を生かしながら、どうすればうまくプレーできるのかを、ある時は主体的に、ある時は仲間との対話を通して学ぶ機会を作ることが必要です。サッカーのプレーに関わる膨大な知識のなから、中学生までには以下の点については習得すべきだと考えています。

「サッカーの技術に関する知識」
● ボールを扱う時にはボールをよく見ることが大切
● キックや足でボールをコントロールする時は片足でバランスよく立つことが大切
● キックの時は、蹴り足の足首は固定した方が良い
● ボールをコントロールする時は、ボールに触るところはリラックスするように心がける
● 急いでプレーするよりも正確にプレーする方が良い
● フェイントは相手の態勢を崩すことが狙いである

「サッカーの戦術に関する知識」
● シュートをうてるところまでボールを運ぶ
● 相手、味方を見てどこにスペースがあるかを意識する
● 空いたスペースはボールを運びやすい
● 意図的にスペースを作ることが大切

戦術的な理解

グループで突破しよう
空いているところから攻撃しよう
ゴールを狙おう

突破できる、シュートをうてる場所を見つける
ドリブル（自分で）かパス（味方へ）の選択
相手の動き、スペースの変化に気づく

突破できる場所（スペース）を見つける

自分で突破する　　味方にパスする

相手が動く　　（発展：意図的に
　　　　　　　　　相手を動かせる）

スペースが変化する

グループで突破しよう
（ドリブル）

1 隙を見つけて突破する

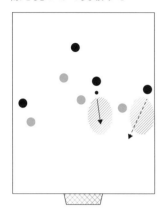

自分の動きで相手を動かす

その結果生まれる隙を見逃さない

2-1 自分からしかけて隙を作る

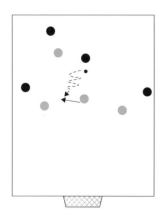

2-2 方向転換して作った隙から突
破する

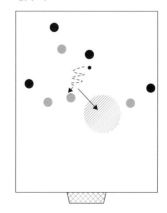

3-1 味方が隙を見つけて突破しよ
　　うとする

3-2 その動きに対応した相手の動
　　きをみて、隙を見つけ突破す
　　る

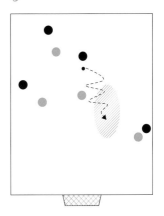

味方が動くことよって、相手が対応する。その結果、生まれる隙を見逃さない

グループで突破しよう（パス）

1 隙を見つけて前にパス

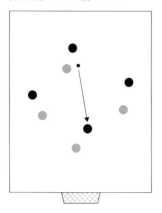

前にパスを出せる味方を見つける。
その味方にパスを出すことによって
前にパスが出せる。

2-1 相手が前へのパスコースを塞
でいる

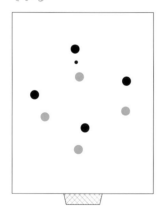

2-2 反対側にパスを出せる味方に
パス

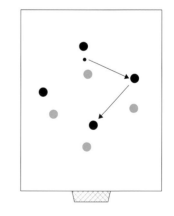

3-1 反対側にパスを出そうとする
　　 それを塞ぐために相手が動く

3-2 相手が動いたことによってス
　　 ペースが生まれる

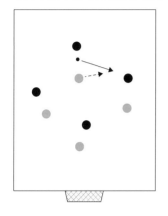
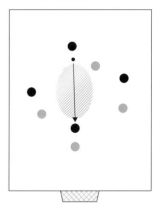

自分のプレーに対して相手の反応を引き出す。
その変化に応じて次のプレーを選択する

ゴールをねらおう
シュートはいつうてる？

ゴールの間に相手がいない

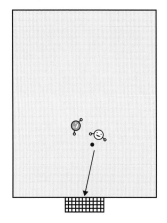

自分でシュートコースを作る

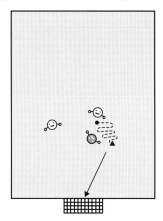

シュートをうてる味方にパス

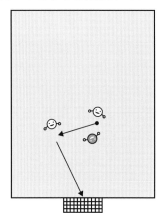

マークから外れた味方にパス

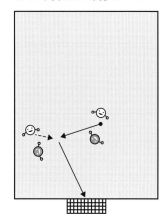

空いてるところから攻撃しよう

攻めることができる２つのゴール
の前にスペースがあるかを見る
狭いスペースより広いスペースの方
がチャンスがある

自分でドリブル突破しようとするこ
とで、味方により大きなスペースを
与えることができる

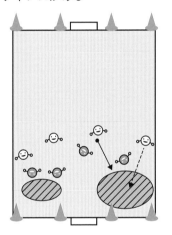 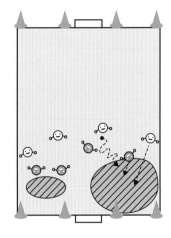

第 ② 章

実践
中学校のサッカー授業

JFA が提案する指導と展開

サッカー授業の基本的な考え方

- サッカーそのものを楽しむ。
- サッカーは本来ゲーム。ゲームを大切にする。
- ゲームで起こることに取り組む。
- 場の設定はシンプルに。設定、ルールを複雑にしない。
- 並行して設定し、同時に大勢をプレーさせる。
- 全員にたくさんプレーをさせる（待ち時間をできるだけ少なく）。
- ゴールはネットを揺らすことがサッカーの醍醐味。できるだけゴールを使いたい。
- 32人で想定しています。必要に応じて調整してください。

サッカー授業の展開

		単元前半	単元後半
1年生	導入	パス＆コントロール	
	活動①	ポストシュート	スルーパスシュート
	活動②	2対1	3対2
	ゲーム	5対5	
2年生	導入	ボールを回せ	
	活動①	ボール出し	1対1 2ゴール
	活動②	3対1	4対2
	ゲーム	6対6	
3年生	導入	ドリブル＆ターン	パス＆コントロール
	活動①	ポストシュート	スルーパスシュート
	活動②	ゾーンゴール3対3	4ゴールゲーム
	ゲーム	7対7、8対8	

メインの流れ＋各オプションで構成

サッカーの指導と展開
中学校１年生

1年生・単元前半（2～5時間目）授業の流れ＆場の設定

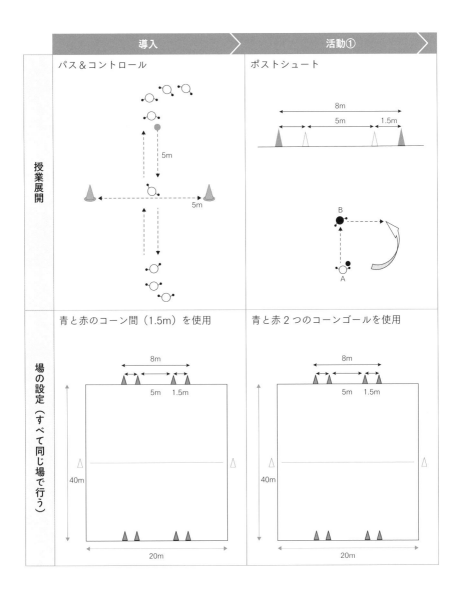

活動②	ゲーム

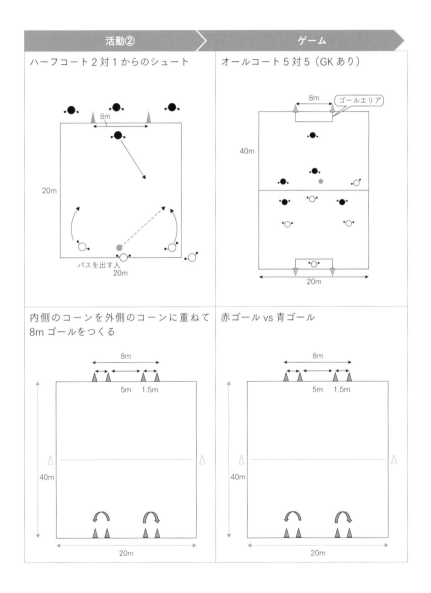

ハーフコート 2 対 1 からのシュート

8m

20m

パスを出す人
20m

オールコート 5 対 5（GK あり）

8m ゴールエリア

40m

20m

内側のコーンを外側のコーンに重ねて
8m ゴールをつくる

8m
5m 1.5m
40m
20m

赤ゴール vs 青ゴール

8m
5m 1.5m
40m
20m

1年生・単元後半（6〜9時間目）授業の流れ＆場の設定

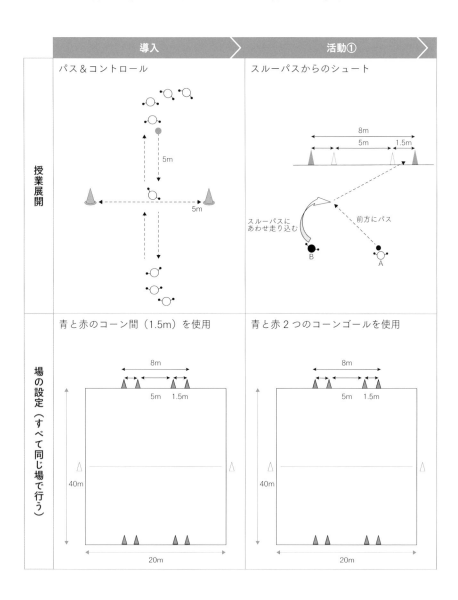

	導入	活動①
授業展開	パス＆コントロール	スルーパスからのシュート
		8m / 5m / 1.5m
	5m / 5m	スルーパスにあわせ走り込む / 前方にパス / B / A
場の設定（すべて同じ場で行う）	青と赤のコーン間（1.5m）を使用	青と赤2つのコーンゴールを使用
	8m / 5m 1.5m / 40m / 20m	8m / 5m 1.5m / 40m / 20m

活動②	ゲーム

ハーフコート3対2からシュート

オールコート5対5（GKあり）

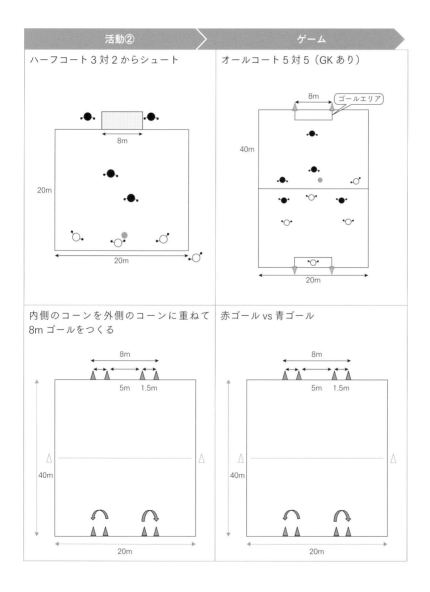

内側のコーンを外側のコーンに重ねて8mゴールをつくる

赤ゴール vs 青ゴール

導入 ┃ 単元前半・後半
パス&コントロール

活動のねらい
- 止まっている状態で正確なパスとコントロールをする。
- 味方が操作しやすいパスを送る。

活動の目安
- 8人組4か所

生徒の実態に応じた工夫
- パスやボールコントロールの時にコーンに当たらないようにコーンの幅、パスの距離を調整する。

指導（言葉がけ）のポイント
- ボールをねらったところにパスをする。
- ボールをコントロールした後、スムーズにターンする。

．．

（1）大きさ：5m×10m、コーン幅5m
（2）用具：ボール（1か所につき1個）、コーン、ビブス
（3）方法：
- 1か所あたり8人
- 3人でパスをつなぐ
- 真ん中でパスを受けた人は、ターンして逆側にパスを出す
- 全員がパスをした方向に動く。

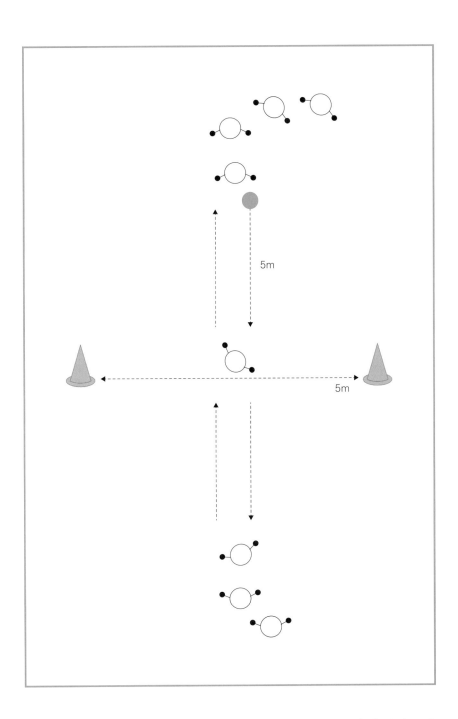

5m

5m

活動①	単元前半（2〜5時間目）

ポストシュート

活動のねらい

・ゴールの枠内に正確にシュートする。

活動の目安

・8人組4か所

生徒の実態に応じた工夫

・パスを出す位置、走り出す位置を調整する。

・シュートが入るようになったら、ゴール両端の大コーンと小コーンを設置しその間に入れば2点とする。

指導（言葉がけ）のポイント

・シュートをする人：コースをねらってボールをよく見てける。

・パスを出す人：シュートをする人が走り込んでシュートできる位置にパスを出す。

．．．

(1) 用具：ボール、コーン2つ（発展：小さいコーン2）

※ゴールがあればゴールを使用

(2) 方法：

・AがBにパスを出す。

・Aはパスを出したら、ゴール方向（矢印の方向）に走る。

・Bは走り込んできたAにパスを出す。

・Aは走り込んでシュートをする。

・チーム内でシュート、パスを出し（ポスト役）、ボール拾いをローテーション。

・正確にゴールにシュートする。

・制限時間内におけるチームの合計点を記録し、毎時間の得点の伸びを実感できるようにする。

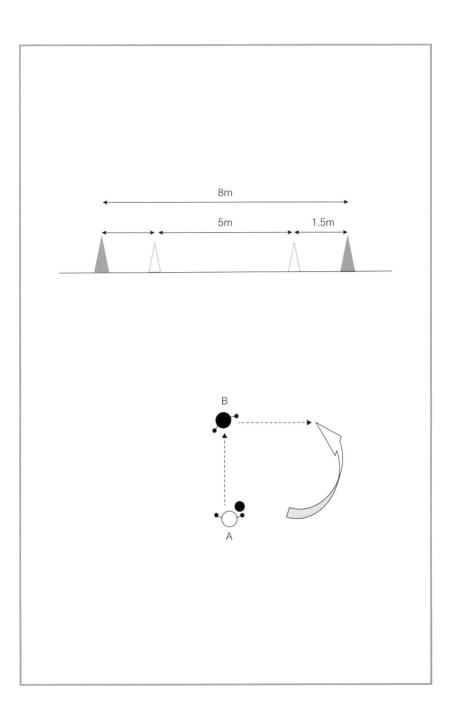

活動① | 単元後半（6〜9時間目）

スルーパスからのシュート

活動のねらい

・スルーパスのタイミングに合わせてゴールの枠内にシュートをする。

・走り込むスペースにシュートをしやすいパスを送る。

活動の目安

・8人組4か所

生徒の実態に応じた工夫

・パスを出す位置、走り出す位置を調整する。

・シュートが入るようになったら、ゴール両端の大コーンと小コーンを設置しその間に入れば2点とする。

指導（言葉がけ）のポイント

・シュートをする人：スルーパスのタイミングに合うように工夫して走る。

・スルーパスを出す人：シュートをする人の前方にパスを出す（距離・角度・強さを考慮する）。

....

（1）用具：ゴールの大きさ・用具はポストシュートと同じ。

（2）方法：

・Bが矢印の方向に走り込む。

・AはBが走り込んでくるスペースにボールを出す。

・Bがシュートをする。

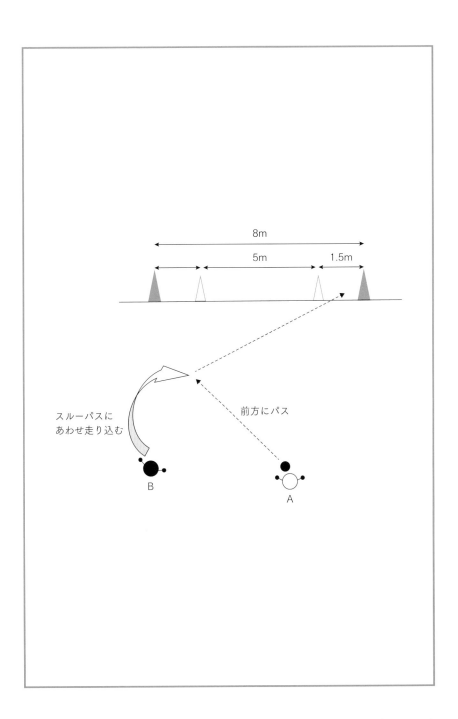

8m

5m

1.5m

スルーパスに
あわせ走り込む

前方にパス

B

A

活動②｜単元前半（2〜5 時間目）

ハーフコート 2 対 1 からの シュート

活動のねらい

- ボール保持者は「自分とゴールとの間に守備者がいなければシュート」、「シュートができなければ空いている味方にパス」をする。
- ボール非保持者はパスをもらえる、シュートしやすい位置に移動する。

活動の目安

- 8 人組 4 か所

生徒の実態に応じた工夫

- ルールを理解するために、最初は手でパスを回しながら行う。

指導（言葉がけ）のポイント

- ゴール、守備、味方の位置を意識しながらプレーする
- どこに動いたらパスがもらえるかを判断する

....

(1) 大きさ：20m×15m、コーン幅 8m

(2) 用具：ボール（1 コートにつき 1 個）、コーン、ビブス

(3) 方法：

- 2 対 1（攻め 2 人、守り 1 人で行う（攻守の切り替えなし）
- プレーの開始：攻撃はパス出しから開始する。
- 攻撃：真ん中の人はパサーとなる。サイドの 2 人はプレー開始と同時に動き出し、パスを受ける。
- 守備：守備者は攻撃側パスが出たらゴールから出て守備開始。
- 1 回の攻撃：シュートが入ったり、ボールがコートから出たら終了とし、リスタートする（オフサイドなし）。このとき、ポジションをローテーションする。
- 何回かやったら攻守交代

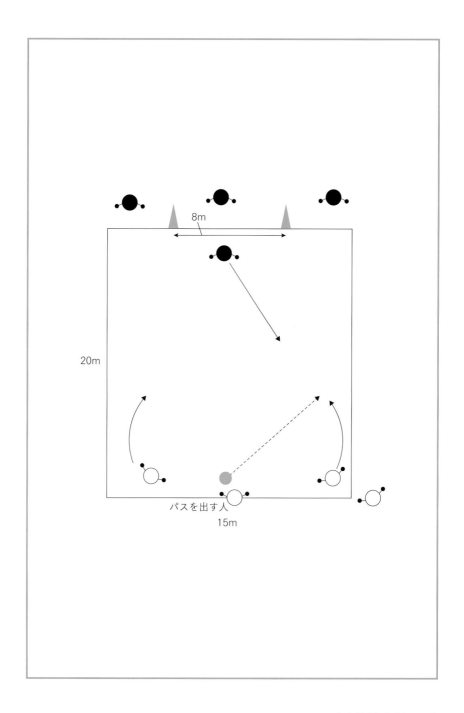

8m

20m

15m

パスを出す人

活動②｜単元後半（6〜9時間目）

ハーフコート3対2からシュート

活動のねらい

- ボール保持者はゲーム状況に応じたプレーを選択する。
- ボール非保持者はパスをもらえる位置に移動する。
- 積極的にシュートを狙う

活動の目安

- 8人組4か所

生徒の実態に応じた工夫

- 早いうちに守りにカットされることが多ければ、守備者のスタートをゴールラインにする（攻めの時間的余裕を確保する）。

指導（言葉がけ）のポイント

- ゴールとの距離、守備、味方の状況を意識しながらプレーする。
- どこに動いたらパスがもらえるかを判断する。
- チームで協力しながらできるだけ少ないパスでシュートする。

---

(1) 大きさ：20m×20m、ゴール

(2) 用具：ボール（1コートにつき1個）、コーン、ビブス

(3) 方法：

- 3対2を行う（攻守の切り替えなし）
- プレーの開始：センターラインから攻撃開始。
- それ以外は、「ハーフコート2対1」と同じ。

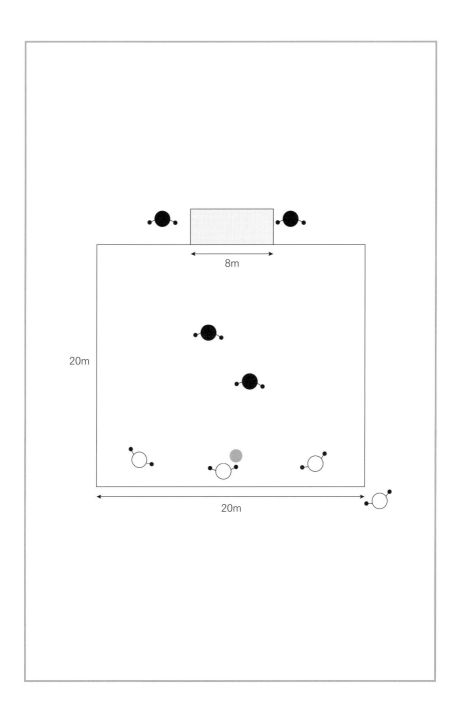

8m

20m

20m

単元前半・後半

ゲーム

オールコート 5 対 5 （GK あり）

活動のねらい

・ゴールとの距離、守備、味方の状況を意識しながらプレーする。

・どこに動いたらパスがもらえるかを判断する。

活動の目安

・16 人組 2 か所

生徒の実態に応じた工夫

・チームで協力しながらできるだけ少ないパスで積極的にシュートをねらう。

....

（1）大きさ：20m×40m、ゴールまたはコーン幅 8m

（2）用具：ボール（1 コートにつき 1 個）、コーン、ビブス

（3）方法：

・フィールド 4 人＋GK1 人の 5 対 5 ゲーム

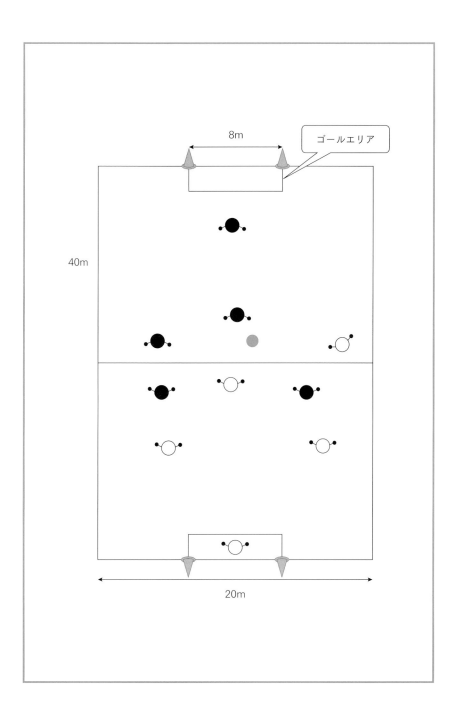

8m

ゴールエリア

40m

20m

単元前半（2〜5時間目）

ハーフコート 2 対 1

活動のねらい

- ボール保持者は「自分とゴールとの間に守備者がいなければシュート」、「シュートができなければ空いている味方にパス」をする。
- ボール非保持者はパスをもらえる位置（得点しやすいところ）に移動する。

活動の目安

- 16人組2か所

生徒の実態に応じた工夫

- ルールを理解するために、最初は手でパスを回しながら行う。
- 攻撃側がうまく攻められない場合には、パスエリアにいるパサーにボールを戻して、攻め直しをしてもよい。

指導（言葉がけ）のポイント

- 顔をあげて、周りを見る。
- ゴール、守備、味方の位置を確認しながらプレーする。どこに動いたらパスがもらえるかを判断する。

(1) 大きさ：20m×20m、コーン幅8m
(2) 用具：ボール（1コートにつき1個）、コーン、ビブス

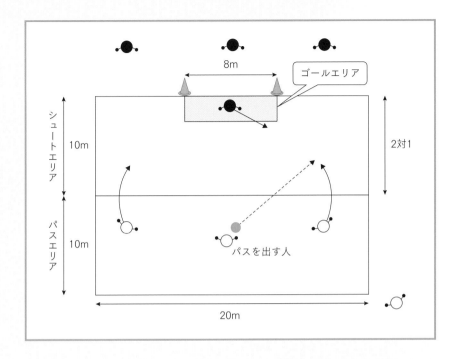

（3）方法：

・シュートエリアでの２対１（攻め２人、守り１人）で行う（攻守の切り替え
　なし）

・プレーの開始：攻撃はパスエリアから開始する。

・攻撃：真ん中の人はパサーとなる。サイドの２人はプレー開始と同時に動
　き出し、シュートエリアでパスを受ける（ドリブルでの通過はなし）。
　シュートはパスエリアからできない。
　守備：ゴールエリアにいる守備者は攻撃側がシュートエリアでボールに触れ
　るまでゴールエリアに留まる（ゴールエリアの中では守ることはできない、
　手は使えない）。

・１回の攻撃：シュートが入ったり、ボールがコートから出たら終了とし、リ
　スタートする（オフサイドなし）。

・ポジションをローテーションする。

単元後半（6〜9 時間目）

ハーフコート 3 対 1 から 2 対 1

活動のねらい

- ボール保持者はゲーム状況に応じたプレーを選択する。
- ボール非保持者はパスをもらえる位置に移動する。
- 積極的にシュートをねらう。

生徒の実態に応じた工夫

- ルールを理解するために、最初は手でパスを回しながら行う。
- パスエリアで守りにカットされることが多ければ、ゲーム開始直後に守りはセンターラインを踏んでからゲームに参加する（攻めの時間的余裕を確保する）。
- パスエリアでパスがスムーズにつながるようであれば、守りを1人増やしてもよい（パスエリアを3対2）。

指導（言葉がけ）のポイント

- 顔をあげて、ゴールとの距離、守備、味方の状況を把握しながらプレーする。
- どこに動いたらパスがもらえるかを判断する。
- ラストパスを出す人は「ラストパス！」と声をかける。
- チームで協力しながら少ないパスでシュートする。

- -

（1）大きさ：20m×20m、ゴールまたはコーン幅8m
（2）用具：ボール（1コートにつき1個）、コーン、ビブス

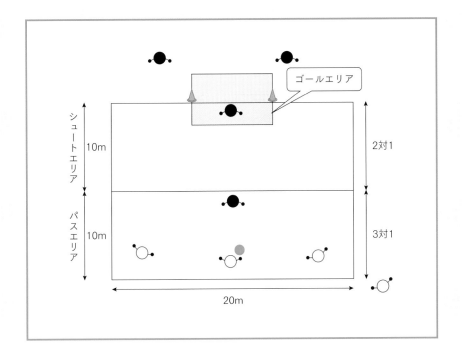

（3）方法：

- パスエリアは3対1、シュートエリアは2対1（攻め3人、守り2人）で行う（攻守の切り替えなし）。
- プレーの開始：センターラインから攻撃開始。味方にパスをしたところから守備もスタート。
- 攻撃：パスエリアからシュートエリアにはパスで通過する（＝ラストパス）。ラストパスを出した人はパスエリアに残り、他の2人はシュートエリアに移動する。
- 守備：各エリアに1人ずつ。
- それ以外は、「ハーフコート2対1」と同じ。

オールコート3対1から2対1①

活動のねらい

- ボール保持者は「自分とゴールとの間に守備者がいなければシュート」、「シュートができなければ空いている味方にパス」をする。
- ボール非保持者はパスをもらえる位置に移動する。
- 攻守の切り替えに素早く対応する。

生徒の実態に応じた工夫

- ルールを理解するために、最初は手でパスを回しながら行う。
- パスエリアでパスがスムーズにつながるようであれば、守りを1人増やしてもよい（パスエリアを3対2）。

指導（言葉がけ）のポイント

- 顔をあげて、ゴールとの距離、守備、味方の状況を把握しながらプレーする。
- チームで協力しながら、少ないパスでシュートする。
- 攻守の切り替え時に「攻めだよ！」「私が戻るよ！」など、チームで声をかけ合うようにする。

- -

(1) 大きさ：20m×40m、コーン幅8m
(2) 用具：ボール（1コートにつき1個）、コーン、ビブス
(3) 方法：
- パスエリアは3対1、シュートエリアは2対1（攻め3人、守り2人）を連続で行う（攻守の切り替えあり）。
- ゲームの開始：センターラインから攻撃開始。守りにパスをしてそのボールがリターンされたら動き出す。

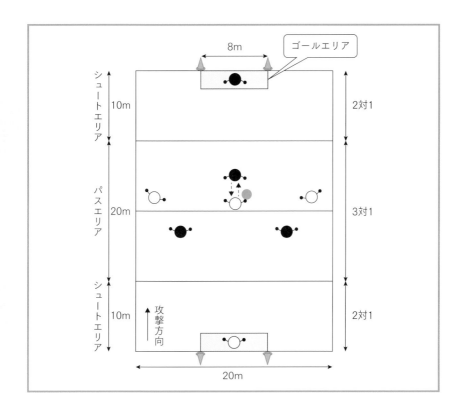

【共通ルール：ハーフコート 3 対 1 から 2 対 1】

- 攻撃：パスエリアからシュートエリアにはパスで通過する（＝ラストパス）。ラストパスを出した人はパスエリアに残り、他の 2 人はシュートエリアに移動する。パスエリアからシュートはできない（オフサイドなし）。

- 守備：パスエリアでは保持しているボールを奪ってはいけない（パスカットはあり）。ゴールエリアにいる守備者は攻撃側がシュートエリアでボールに触れるまでゴールエリアに留まる。

単元前半・後半

オールコート 3 対 1 から 2 対 1 ②

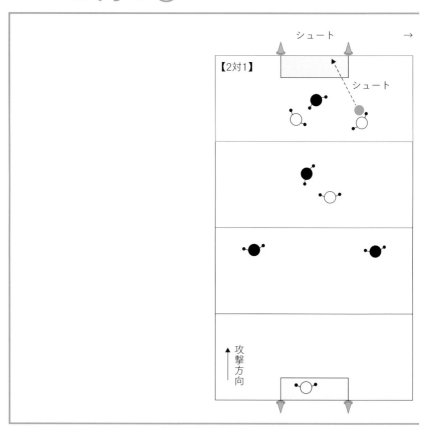

【新たなルール】

- 攻守の切り替え：シュートをしたり、ボールがラインから出たり、守備にボールをカットされたりしたら攻守交代。

- 攻撃になったら：その場からドリブルでハーフラインまでボールを運ぶ。ただし、シュートエリアにいる人がボールを保持した場合のみ、パスエリアの味方にパスをして、パスを受けた人がドリブルで運ぶ（右図参照）。

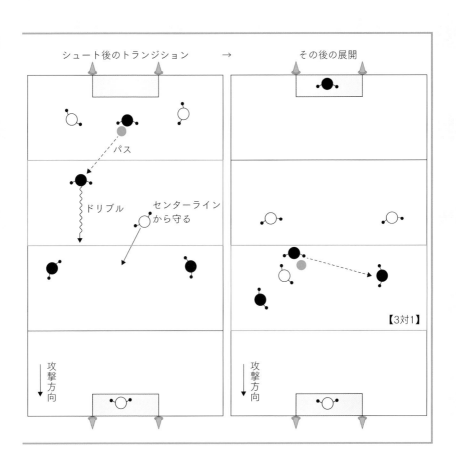

・守備になったら：自陣に1番近い（早く戻れる）1人がセンターラインから
　守備を行う。他の2人は守備をしない。1ゲームを2分半とし、ゲームご
　とにメンバー・ポジションを交代する。

第1学年の単元計画／評価規準例／展開例／学習カード例

1. 評価規準の設定

中学校第1学年及び第2学年「球技」の全ての「単元の評価規準」

	知識・技能		思考・判断・表現	主体的に学習に取り組む態度
全ての「単元の評価規準」	○知識 ・球技には、集団対集団、個人対個人で攻防を展開し、勝敗を競う楽しさや喜びを味わえる特性があることについて、言ったり書き出したりしている。 ・学校で行う球技は近代になって開発され、今日では、オリンピック・パラリンピック競技大会においても主要な競技として行われていることについて、言ったり書き出したりしている。 ・球技の各型の各種目において用いられる技術には名称があり、それらを身に付けるためのポイントがあることについて、学習した具体例を挙げている。 ・対戦相手との競争において、技能の程度に応じた作戦や戦術を選ぶことが有効であることについて、学習した具体例を挙げている。 ・球技は、それぞれの型や運動種目によって主として高まる体力要素が異なることについて、学習した具体例を挙げている。	○技能 ア　ゴール型 ・ゴール方向に守備者がいない位置でシュートをすることができる。 ・マークされていない味方にパスを出すことができる。 ・得点しやすい空間にいる味方にパスを出すことができる。 ・パスやドリブルなどでボールをキープすることができる。 ・ボールとゴールが同時に見える場所に立つことができる。 ・パスを受けるために、ゴール前の空いている場所に動くことができる。 ・ボールを持っている相手をマークすることができる。 ※イ「ネット型」、ウ「ベースボール型」は省略	・提示された動きのポイントやつまずきの事例を参考に、仲間の課題や出来映えを伝えている。 ・提供された練習方法から、自己やチームの課題に応じた練習方法を選んでいる。 ・学習した安全上の留意点を、他の学習場面に当てはめ、仲間に伝えている。 ・練習やゲームの場面で、最善を尽くす、フェアなプレイなどのよい取組を見付け、理由を添えて他者に伝えている。 ・仲間と協力する場面で、分担した役割に応じた活動の仕方を見付けている。 ・仲間と話し合う場面で、提示された参加の仕方に当てはめ、チームへの関わり方を見付けている。 ・体力や技能の程度、性別等の違いを踏まえて、仲間とともに楽しむための練習やゲームを行う方法を見付け、仲間に伝えている。	・球技の学習に積極的に取り組もうとしている。 ・マナーを守ったり相手の健闘を認めたりして、フェアなプレイを大切にしようとしている。 ・作戦などについての話合いに参加しようとしている。 ・一人一人の違いに応じた課題や挑戦及び修正などを大切にしようとしている。 ・練習の補助をしたり仲間に助言したりして、仲間の学習を援助しようとしている。 ・健康・安全に留意している。

カリキュラム・マネジメント充実の視点から、上記のように、中学校学習指導要領解説（文部科学省, 2018）の例示をもとにした、『中学校第第1学年及び第2学年「球技」の全ての「単元の評価規準」』を作成しておくと良いでしょう（国立教育政策研究所教育課程研究センター, 2020）。上記の『全ての「単元の評価規準」』の作成には、中学校学習指導要領解説の121〜129頁（E球技［第1学年及び第2学年］）の（1）知識及び技能、（2）思考力、判断力、表現力等、（3）学びに向かう力、人間性等、それぞれにおける〈例示〉を参考にすると良いでしょう。

中学校第1学年の「球技」（ゴール型「サッカー」）の「単元の評価規準」

	知識・技能		思考・判断・表現	主体的に学習に取り組む態度
単元の評価規準	○知識 ①球技には、集団対集団、個人対個人で攻防を展開し、勝敗を競う楽しさや喜びを味わえる特性があることについて、言ったり書き出したりしている。 ②球技の各型の各種目において用いられる技術には名称があり、それらを身に付けるためのポイントがあることについて、学習した具体例を挙げている。	○技能 ①ゴール方向に守備者がいない位置でシュートをすることができる。 ②マークされていない味方にパスを出すことができる。 ③ボールとゴールが同時に見える場所に立つことができる。	①提示された動きのポイントやつまずきの事例を参考に、仲間の課題や出来映えを伝えている。 ②仲間と協力する場面で、分担した役割に応じた活動の仕方を見付けている。	①練習の補助をしたり仲間に助言したりして、仲間の学習を援助しようとしている。 ②健康・安全に留意している。

　「全ての評価規準」から当該単元（ここでは、中学校第1学年の球技ゴール型サッカー）において重点的に指導・評価する評価規準を授業者自身で選択・絞り込みをして、上記のような『中学校第1学年の「球技」（ゴール型「サッカー」）の「単元の評価規準」』を作成します。

2. 指導と評価の計画（学習過程：10時間扱い）

時間	1	2	3	4	5
学習過程	オリエンテーション ・学習の進め方の確認 ・5対5（＋GK）の試しのゲーム	【導入の活動（単元前半）：（P38〜41）】導入＋活動① ボール慣れ、①パスとコントロール、②ポストシュート			
		主な学習内容の確認 「ボール操作と空間に走り込む動きを理解してゲームで試してみよう」			
		ノーマークシュート （ゲーム状況の把握を含む）		空いてるいる味方へのパス	パスを受けるための動き
		【活動②（単元前半）：（P44〜45）】 ハーフコート2対1からのシュート			
		【ゲーム（単元前後半）：（P48〜49）】 オールコート5対5（＋GK）			
	5. 本時のまとめ、片付け、整理運動、学習カードの記入、チーム毎の反省等				
評価計画及び評価方法 — 知	① （学習カード）	② （学習カード）			
技			① （観察・学習カード）	② （観察・学習カード）	③ （観察・学習カード）
思					
態		② （観察）			

・知…「知識」、技…「技能」、思…「思考・判断・表現」、態…「主体的に学習に取り組む態度」を示しています。

・「評価計画及び評価方法」における丸数字は単元の評価規準、括弧内は評価方法を示しています。

・1時間目にオリエンテーション、10時間目にサッカー大会を設定し、2〜9時間目を4時間ずつ二分割（単元前半：2〜5時間目、単元後半：6〜9時間目）しています。この分割した数時間のまとまりを次（つぐ）とよぶ場合もあります。このようなまとまり毎に同じ活動を続け、同じ学習（指導）内容を設定することで、生徒にとっては無理なく時間をかけて学習していくことができるとともに、教師にとっても、指導と評価の一体化を真の意味で実現しやすくなります。単元が10時間未満の場合には、2〜9時間目の内容を取

6	7	8	9	10
【導入の活動（単元後半）：(P38〜43)】導入＋活動①　ボール慣れ、①パスとコントロール、③スルーパスからのシュート				サッカー大会 5対5（＋GK）
主な学習内容の確認「仲間と連携した動きでパスをつなぎ、ノーマークでシュートしよう」				
攻守の切り替え	仲間と連携した動きでパスをつなぐ		素早い攻撃でノーマークシュート	
【活動②（単元後半）：(P46〜47)】ハーフコート3対2からのシュート				

6	7	8	9	10
②（学習カード）				
	②（観察）	③（観察・学習カード）	①（観察）	総括的な評価
	①（観察・学習カード）		②（観察・学習カード）	
①（観察）				

り上げ、単元8時間で設定しても良いでしょう。

・1チームを男女混合の「きょうだいチーム」とします。10〜11人の3チームで行い、2チームが対戦し、前半は男子同士、後半は女子同士で行います。残りの1チームは、紅白戦（「きょうだいチーム」内で対戦）をします。導入や活動①②はチーム内で教え合いながら進めていきます。他方で、「ゲーム」の活動においては、他のチームと対戦する形をとり、前半は男子同士、後半は女子同士の対戦となるようにし、その合計得点を競う方法もあります。また、タブレット（ICT）を活用して、待機している生徒が自チームの仲間の映像を撮影し、動画を基にしながら、仲間の課題や出来栄えを伝えるという対話的な学びを促す工夫もできます。

本時の目標

・ゴール方向に守備者がいない位置でシュートをすることができるようにする。
【知識及び技能】

本時の展開（3時間目／10時間中）

時間	学習内容・学習活動	○指導上の留意点　■評価
導入 15分	1. W-upと導入、活動①（チームごと） ①準備運動・ボール慣れ ②パスとコントロール ③ポストシュート	○チームの自主的な活動を促すように、リーダーを中心にホームコートで行うように指示する。 ○導入の活動では、教師の合図で行い、制限時間内の回数や得点を記録するよう指示する。 ○各チームを巡回し、自己の課題に対して解決を図れるように巡視しながら助言する。
	2. 集合、6列縦隊（各チーム2列（きょうだいチーム））に整列、挨拶、出席確認 3. 本時のねらいの確認 ゴール方向に守備者がいない位置（ノーマーク）でシュートをしよう。	○チームごとに素早く集合・整列させ、健康観察を行う。見学者には本時の目標に即して所属チームの課題を記録するように指導する。 ○発問によって前時の学習（課題）から本時のねらいにつなげるようにする。 ○ノーマークシュートとはどういう状況なのか、コート上にゲーム状況を作って、デモンストレーションを通して説明し理解を促す。 ○本時のねらいを受けて個人の目標を立てさせる。
展開 27分	4. 活動②：ハーフコート2対1のゲーム ・チームごとに実施する（男女混合）。	○本時のねらいを意識できるように、ねらいに即した具体的な言葉がけをする。 ○チーム内で教え合いができるように観察する視点を提示する。 ○不適切な状況判断によるシュートが出現した場合にはプレイを止めてそのプレイを再現させる。そしてゲーム状況と適切なプレイを解説することで周りの生徒を含めて理解させる。
	5. ゲームの活動：オールコート5対5（+GK）のゲーム ・前後半5分（2分半でポジション交代）とし、原則として前半：男子同士、後半：女子同士で対戦する。得点は前後半の合計とする。 ・ゲームに参加していない生徒は、タブレット（ICT）でゲームを撮影する係、得点、審判の運営を行う。 ・20m×40mのコートで実施する。	○攻撃と守備は時間で交代させる。 ○ゲーム前に作戦タイムを設け、作戦ボードを活用して作戦の内容や動きを視覚的に捉えられるようにする。 ○巡視しながら、本時の練習の成果が現れた動きについて積極的に称賛する。 ○ハーフタイムを3分設定し、タブレット（ICT）で撮影したゲーム映像を視聴させ、本時のねらいに即したチームの成果と課題を確認させるとともに、課題の焦点化した発問等を行う。 ○チームの仲間にアドバイスを送ったり、応援をしている生徒など、個々の良さやグループの良さを積極的に賞賛する。 ■ゴール方向に守備者がいない位置でシュートをすることができる。【知識・技能】（観察） ○学習カードに本時のねらいに対する振り返りができているかを確認する。
整理 8分	6. 片付け、集合、整理運動、学習カード記入、チームごとの振り返り	○学習カードに記入した内容を発表させることで、自己のまとめの確認と学習した内容を整理させる。 ■ゴール方向に守備者がいない位置でシュートをすることができる。【知識・技能】（観察・学習カード） ○前時よりも積極的に取り組んでいた生徒やチーム等を全体に紹介し称賛することで次時の意欲につなげる。
	7. 本時のまとめ、次回の予告、挨拶	○次時で学習することを告げ、次時の見通しを持たせる。

本時の目標

- マークされていない味方にパスを出すことができるようにする。　【知識及び技能】
- 提示された動きのポイントやつまずきの事例を参考に、仲間の課題や出来映えを伝えることができるようにする。　　　　　　　　　　　【思考力、判断力、表現力等】

本時の展開（7 時間目／ 10 時間中）

時間	学習内容・学習活動	○指導上の留意点　■評価
導入 15分	1. W-up と導入、活動①（チームごと） ①準備運動・ボール慣れ ②パスとコントロール ③スルーパスからのシュート	○チームの自主的な活動を促すように、リーダーを中心にホームコートで行うように指示する。 ○導入の活動では、教師の合図で行い、制限時間内の回数や得点を記録するよう指示する。 ○自己の課題に対して解決を図れるように巡視しながら助言する。
	2. 集合、6列縦隊（各チーム2列（きょうだいチーム））に整列、挨拶、出席確認 3. 本時のねらいの確認	○チームごとに素早く集合・整列させ、健康観察を行う。見学者には本時の目標に即して所属チームの課題を記録するように指導する。 ○発問によって前時の学習（課題）から本時のねらいにつなげるようにする。
	①マークされていない味方へのパスを工夫しよう。 ②仲間の動きの課題や出来ばえを見付けて伝えよう。	○味方の動きに合わせたパスとはどういうことなのか（例：走り込む位置にシュートしやすいパスを出す）、コート上にゲーム状況を作って説明して、理解を促す。 ○本時のねらいを受けて個人の目標を立てさせる。
	4. 活動②：ハーフコート3対2のゲーム ・チームごとに実施する（男女混合）。	○チーム内で教え合いができるように観察する視点を提示する。 ○各チームを巡回して、チームの課題やその解決方法を助言する。 ○攻撃と守備は時間で交代させる。
展開 27分	5. 展開2の活動：オールコート5対5（＋GK）のゲーム ・前後半5分（2分半でメンバー・ポジション交代）とし、原則として前半：男子同士、後半：女子同士で対戦する。 ・ゲームに参加していない生徒は、タブレット（ICT）でゲームを撮影する係、ゲーム記録係、得点、審判の運営を行う。 ・20m×40mのコートで実施する。	○ゲーム前に作戦タイムを設け、作戦ボードを活用して作戦の内容や動きを視覚的に捉えられるようにする。 ○巡視しながら、本時の練習の成果が現れた動きについて積極的に称賛する。 ○ハーフタイムを3分設定し、タブレット（ICT）で撮影したゲーム映像を視聴させ、本時のねらいに即したチームの成果と課題を確認させるとともに、課題の焦点化した発問等を行う。 ○各役割をしっかり遂行させる。 ○チームの仲間にアドバイスを送ったり、応援をしている生徒など、個々の良さやグループの良さを積極的に賞賛する。 ■マークされていない味方にパスを出すことができる。【知識・技能】（観察）
整理 8分	6. 片付け、集合、整理運動、学習カード記入、チームごとの振り返り	○チームの勝敗だけを競うのではなく、ゲーム記録を活用しながら1人1人の動き・チームの動きを話し合わせ、次時はどのようにしたいかを考えるように支援する。 ■提示された動きのポイントやつまずきの事例を参考に、仲間の課題や出来映えを伝えている。 【思考・判断・表現】（観察・学習カード）
	7. 本時のまとめ、次回の予告、挨拶	○学習カードに記入した内容を発表させることで、自己のまとめの確認と学習した内容を整理させる。 ○次時で学習することを告げ、次時の見通しを持たせる。

ゴール型サッカー　学習カード　1年　組　番　名前 _____

時間	課題	教員コメント
1	〈サッカーの特性について説明してみよう〉	
2	〈ノーマークシュートについて説明してみよう〉	
3	〈ノーマークでシュートするためのポイントを書き出そう〉	
4	〈パスを出すときのポイントを書き出そう〉	
5	〈パスをもらうためにどのように動いたらよいのかを書き出そう〉	
6	〈攻守の切り替えを素早く行うためのポイントを書き出そう〉	

時間	課題	教員コメント
7	〈効果的にパスをつなぐため自己や仲間の出来栄え・課題を書き出そう〉	
8	〈ゴール前で効果的にパスを受けるために工夫した点を書き出そう〉	
9	〈チーム内での自身の役割とチームで協力して練習やゲームを進めるために工夫した点を書き出そう〉	
10	〈サッカーの授業を通して学べたこと、また、サッカーをしたことない人にサッカーの魅力をどう伝えるか、自分なりにまとめてみよう〉	

サッカーの指導と展開
中学校２年生

2年生・単元前半（2〜5時間目） 授業の流れ＆場の設定

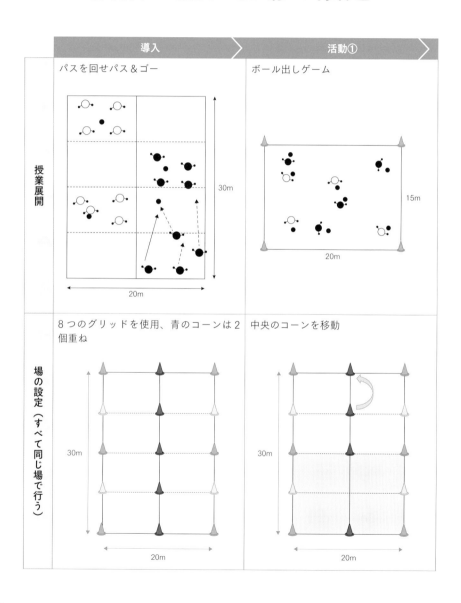

	導入	活動①
授業展開	パスを回せパス＆ゴー	ボール出しゲーム
場の設定（すべて同じ場で行う）	8つのグリッドを使用、青のコーンは2個重ね	中央のコーンを移動

活動②	ゲーム

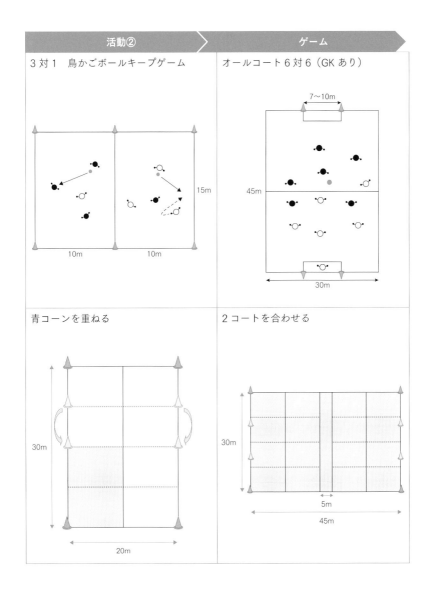

3対1 鳥かごボールキープゲーム

オールコート6対6（GKあり）

7〜10m

45m

10m 10m 15m

30m

青コーンを重ねる

2コートを合わせる

30m

20m

30m

5m

45m

２年生・単元後半（6～9時間目）授業の流れ＆場の設定

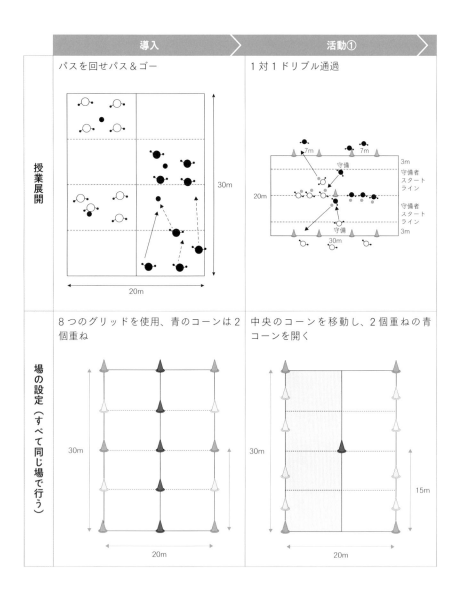

	導入	活動①
授業展開	パスを回せパス＆ゴー	1対1ドリブル通過
場の設定（すべて同じ場で行う）	8つのグリッドを使用、青のコーンは2個重ね	中央のコーンを移動し、2個重ねの青コーンを開く

4対2

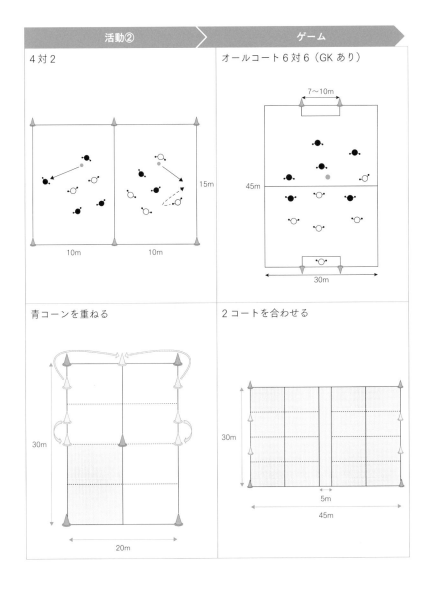

オールコート6対6（GKあり）

青コーンを重ねる

2コートを合わせる

導入	単元前後半

パスを回せパス＆ゴー

活動のねらい

- チームで協力してパスをつなぎ、ボールを空いているエリアに運ぶ
- ボールを持っていないプレーヤーは、周囲の状況を見ながら空いているところへ動いてパスを受ける
- ボール保持者は、パスを出したらすぐに動き、次のプレーに移る

活動の目安

- 16人組2か所

生徒の実態に応じた工夫

- 慣れるまでは、チーム内でパスを回す順番を決め、誰からパスをもらうかを把握した上でプレーできるようにする
- 空いているエリアを見つけて自由に移動する際には、他のグループのメンバーとぶつかってしまう場合があるので、コートを広くして8分割にしたり、チームの人数を3人（※この場合、3本目のパスで他のエリアへ移動する）にしたりする

指導（言葉がけ）のポイント

- チームのメンバー同士で声をかけ合いながら、協力してプレーする
- 周囲の状況を見て、空いているエリアを意識しながら動く
- （ボール保持者は）パスを出したらすぐに動く

(1) 大きさ：20m×30m
(2) 用具：ボール、マーカー、ビブス

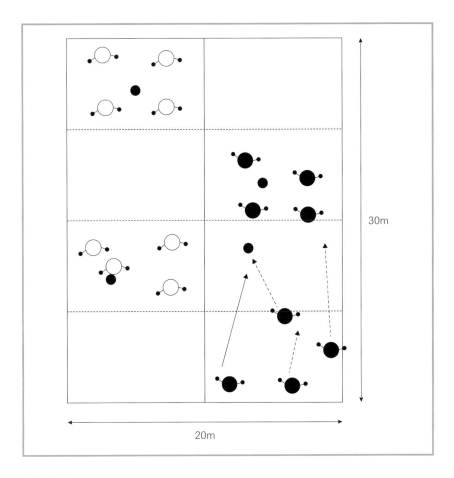

30m

20m

（3）方法：

・コートを8分割する

・4人一組でボール1個を持ち、それぞれのエリアに入る

・エリア内でパスを回し、4本目のパスで他のエリアへ移動する

・エリアを1つ移動する際、必ず全員が1回ずつボールに触る（パスを出した
り、受けたりする）

（4）展開

①右（左）回りにエリアを移動する

②空いているエリアを見つけて自由に移動する

活動① ┃ 単元前半
ボール出しゲーム

活動のねらい
・周りの状況を見ながら、ボールを操作する技能（ボールをキープしたり、ドリブルをしたり、相手のボールを攻撃したりする）を発揮する

活動の目安
・8人組4か所

生徒の実態に応じた工夫
・ボールを操作することが苦手な生徒が多い場合は、最初はゲームの人数を減らしたり、攻撃チームは、ボールを手に持ち、投げて守備チームのボールを出したりする（展開②）

指導（言葉がけ）のポイント
・ルックアップをして、周りを見る
・自分のボールと相手との間に自分の体を入れて、ボールを守る
・相手のボールが相手から離れた瞬間をねらってボールをキックする
・空いているところを見つけて、素早くドリブルで移動する

---

(1) 大きさ：15m×20m
(2) 用具：ボール（1人1個）、マーカー、ビブス
(3) 方法：4人1チーム×2チーム

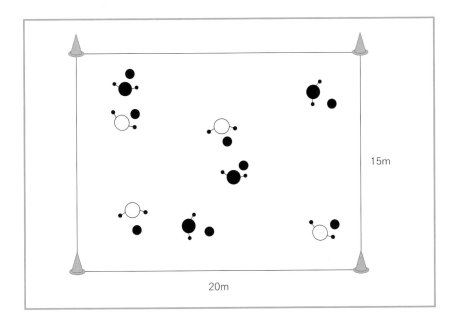

15m

20m

（4）展開

①全員で相手のボールをけり出す（個人戦）

・自分のボールをキープしながら、相手のボールをコートの外へけり出す

・ボールをけり出された人は、ボールを取ってコートに戻り、再びゲームに参加する

②攻撃と守備に分かれてボールをけり出す（チーム戦）

・攻撃チームと守備チームに分かれ、攻撃側は守備側がキープしているボールをけり出す。

・守備側は自分のボールが蹴り出されてもコートに残り、チームで残ったボールをキープする。

・60秒間で攻守を交代し、どちらのチームがより多くボールをけり出すことができたかを競う

活動① | 単元後半

1対1ドリブル通過

活動のねらい

- ドリブルの方向を変えて、空いているゴールに向かって、ボールを運ぶ
- ボールを奪われないようにしながら運ぶ

活動の目安

- 16人組2か所

生徒の実態に応じた工夫

- 始めはボールなしで行う（おにごっこ）
- ドリブル突破がしにくい場合は、ゴールの広さを調整する

指導（言葉がけ）のポイント

- 相手（守備）の動きを見て、空いているゴールをねらう
- 空いているところにボールを持ち込んだり、方向を変えたりしてボールを運ぶ

....

（1）大きさ：20m×30m
（2）用具：ボール、コーン、ビブス
（3）方法：4人1チーム×4チーム

1対1

- 攻撃側は、中央のコーンの位置からスタート。守備側は守備ラインから、攻撃側が動き出したらスタート。
- 攻撃側は守備を突破して、左右いずれかのゴールをドリブル通過
- 発展として、攻撃側は中央ではなく、センターラインのどこからスタートしても

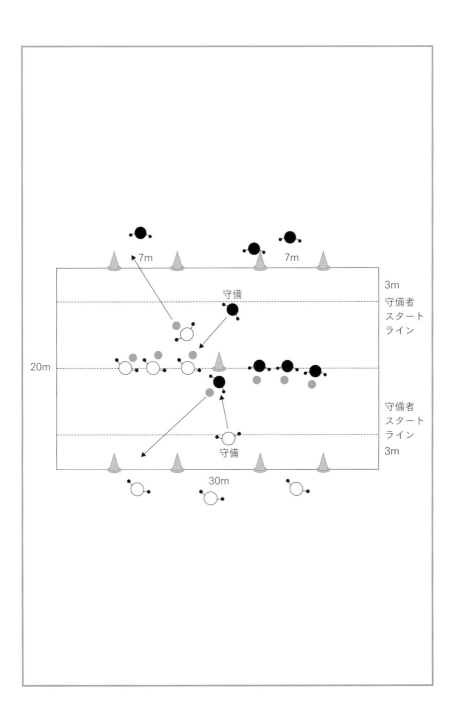

7m

7m

3m

守備

守備者
スタート
ライン

守備

20m

守備者
スタート
ライン

3m

30m

活動② 単元前半

3対1 鳥かごボールキープゲーム

活動のねらい

- ボール保持者と守備者の状況を見ながら、フリーな状態でパスをもらえる位置に移動する（サポート）
- 味方や相手の状況を見ながらボールを操作し、フリーな味方にパスを出す
- 正確にパスやボールコントロールをする

生徒の実態に応じた工夫

- 空いているところを見つけて動くことが難しい場合、最初は手でパスを回しながら行い、サポートの動きについての理解を促す

指導（言葉がけ）のポイント

- ルックアップをして、味方や相手の状況を把握する
- どこに動いたらパスがもらえるかを判断する
- 積極的にボールを奪いにいく

（1）大きさ：10m×10m

（2）用具：ボール、コーンまたはマーカー、ビブス

（3）方法：

- 4人組、3対1で行う
- 攻撃側は、守備者にボールを取られない（コートの外にけり出されない）ようにパスを回す
- ボールを取られるか（コートの外にけり出されるか）、またはパスが10回成功したら、守備者を交代する（守備者は順番にローテーションする）
- 制限時間（30〜60秒間）内に何回パスを回せるかに挑戦したり、守備者を相手チームが行い、チーム対抗で実施したりすることも可

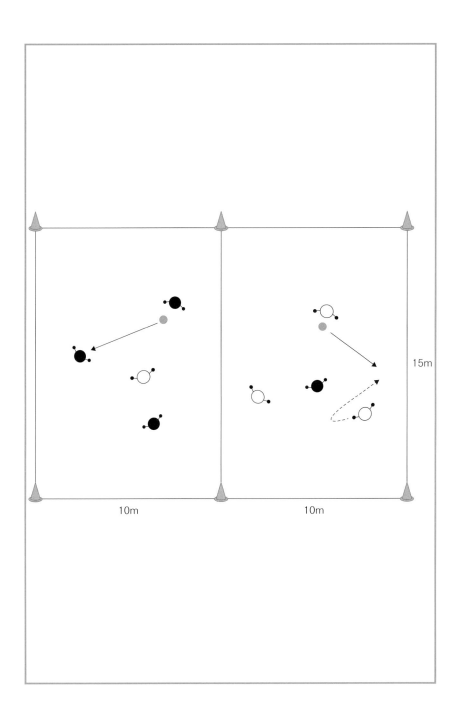

15m

10m   10m

活動②　単元後半

4対2
鳥かごボールキープゲーム

活動のねらい

- 味方や相手の動きを見ながらボールを操作し、フリーな味方にパスを出す
- ボール保持者と守備者の状況を見ながら、フリーな状態でパスをもらえる位置に素早く移動する
- 次の動きも考えながら、パスやボールコントロールを正確に行う
- 連携した守備でボールを奪う

生徒の実態に応じた工夫

- パスがうまく回らない場合は、コートサイズを大きくしたり（10m → 12m）、攻撃側の人数を増やしたりする（4人→5人）

指導（言葉がけ）のポイント

- ルックアップをして、味方や相手の状況を把握する
- どこに動いたらパスがもらえるかを判断する
- 味方同士で声をかけ合う
- （守備側は）協力して相手のボールを奪う

(1) 大きさ：10m×10m

(2) 用具：ボール、コーンまたはマーカー、ビブス

(3) 方法：

- 4対2で行う（チーム内またはチーム対抗）
- 攻撃側は、守備者にボールを奪われないようにパスを回してボールを保持する
- 時間（30〜60秒）または攻撃側がボールを奪われたら、守備者を交代する（守備者は2人ずつ順番にローテーションする）
- 守備者を相手チームが行い、チーム対抗（何回連続でパスを成功させることができるかを競うなど）で実施したりすることも可

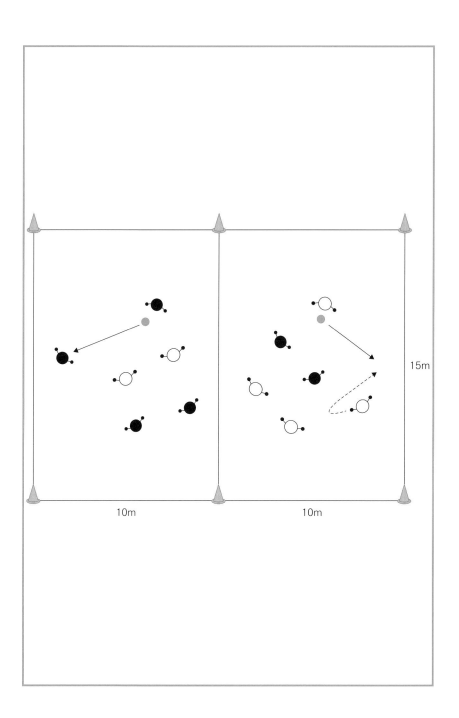

15m

10m

10m

全時間

オールコート 6 対 6
（GK あり）

活動のねらい

・これまでに学習してきたことをす。

活動の目安

・16 人組 2 か所

指導（言葉がけ）のポイント

・ゴールとの距離、守備、味方の状況を意識しながらプレーする。

・どこに動いたらパスがもらえるかを判断する。

・チームで協力しながらできるだけ少ないパスで積極的にシュートをねらう。

（1）大きさ：30m×45m、ゴールまたはコーン幅 7〜10m

（2）用具：ボール（1 コートにつき 1 個）、コーン、ビブス

（3）方法：

・フィールド 5 人＋GK1 人の 6 対 6 ゲーム

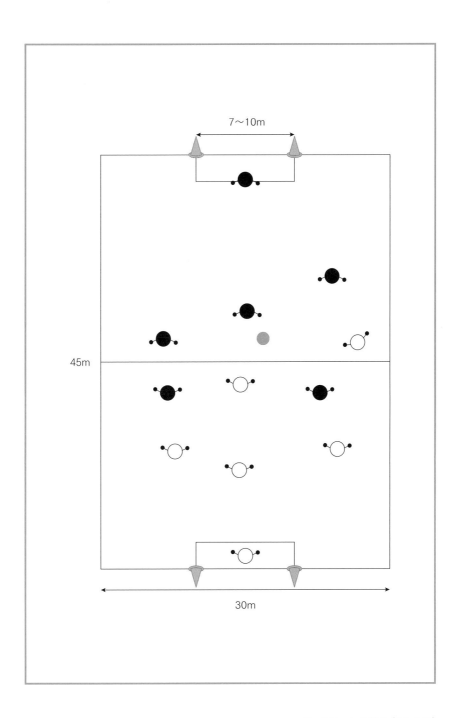

単元後半

1対0、1対1シュート

活動のねらい

- コントロール→ドリブル→シュートまでの一連の動作をスムーズに行う。
- ゴールに向かって、正確にボールをける。
- 状況を見て、守備を突破してシュートをうつ。

生徒の実態に応じた工夫

シュートが入りにくい場合は、ゴールの広さを調整する。

指導（言葉がけ）のポイント

- ゴールをねらってシュートをうつ。
- 相手（守備）の動きを見て、空いているところにボールを持ち込んだり、方向を変えたりしてシュートをうつ。

---

(1) 大きさ：20m×30m

(2) 用具：ボール、コーン、ビブス

(3) 方法：

・4人（5人）1チーム×4チーム

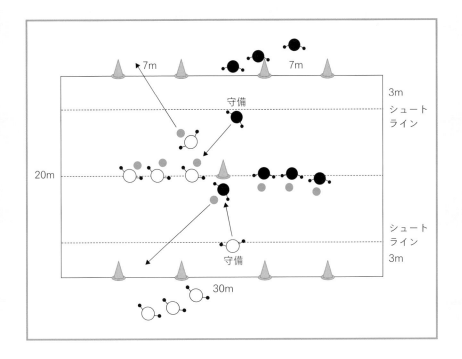

(4) 展開

①1対0

・攻撃側は、中央のコーンの位置からスタート。守備側は守備ラインから、攻撃側が動き出したらスタート。

・左右いずれかのゴールにシュートをうち、10点先取を競争する。

・シュートラインの手前からシュートをうつ（シュートラインまでは、ドリブルで持ち込んでも可）。

(5) 展開②1対1

・攻撃側は、中央のコーンの位置から、一度守備にボールを渡してパスをもらう（プレー開始となる）。

・攻撃側は守備を突破して、左右いずれかのゴールにシュートをうつ。

第2学年の単元計画／評価規準例／展開例／学習カード例

1. 評価規準の設定

中学校第1学年及び第2学年「球技」の全ての「単元の評価規準」

	知識・技能		思考・判断・表現	主体的に学習に取り組む態度
全ての「単元の評価規準」	○知識 ・球技には、集団対集団、個人対個人で攻防を展開し、勝敗を競う楽しさや喜びを味わえる特性があることについて、言ったり書き出したりしている。 ・学校で行う球技は近代になって開発され、今日では、オリンピック・パラリンピック競技大会においても主要な競技として行われていることについて、言ったり書き出したりしている。 ・球技の各型の各種目において用いられる技術には名称があり、それらを身に付けるためのポイントがあることについて、学習した具体例を挙げている。 ・対戦相手との競争において、技能の程度に応じた作戦や戦術を選ぶことが有効であることについて、学習した具体例を挙げている。 ・球技は、それぞれの型や運動種目によって主として高まる体力要素が異なることについて、学習した具体例を挙げている。	○技能 ア　ゴール型 ・ゴール方向に守備者がいない位置でシュートをすることができる。 ・マークされていない味方にパスを出すことができる。 ・得点しやすい空間にいる味方にパスを出すことができる。 ・パスやドリブルなどでボールをキープすることができる。 ・ボールとゴールが同時に見える場所に立つことができる。 ・パスを受けるために、ゴール前の空いている場所に動くことができる。 ・ボールを持っている相手をマークすることができる。 ※イ「ネット型」、ウ「ベースボール型」は省略	・提示された動きのポイントやつまずきの事例を参考に、仲間の課題や出来映えを伝えている。 ・提供された練習方法から、自己やチームの課題に応じた練習方法を選んでいる。 ・学習した安全上の留意点を、他の学習場面に当てはめ、仲間に伝えている。 ・練習やゲームの場面で、最善を尽くす、フェアなプレイなどのよい取組を見付け、理由を添えて他者に伝えている。 ・仲間と協力する場面で、分担した役割に応じた活動の仕方を見付けている。 ・仲間と話し合う場面で、提示された参加の仕方に当てはめ、チームへの関わり方を見付けている。 ・体力や技能の程度、性別等の違いを踏まえて、仲間とともに楽しむための練習やゲームを行う方法を見付け、仲間に伝えている。	・球技の学習に積極的に取り組もうとしている。 ・マナーを守ったり相手の健闘を認めたりして、フェアなプレイを大切にしようとしている。 ・作戦などについての話合いに参加しようとしている。 ・一人一人の違いに応じた課題や挑戦及び修正などを大切にしようとしている。 ・練習の補助をしたり仲間に助言したりして、仲間の学習を援助しようとしている。 ・健康・安全に留意している。

カリキュラム・マネジメント充実の視点から、上記のように、中学校学習指導要領解説（文部科学省，2018）の例示をもとにした、『中学校第第1学年及び第2学年「球技」の全ての「単元の評価規準」』を作成しておくと良いでしょう（国立教育政策研究所教育課程研究センター，2020）。上記の『全ての「単元の評価規準」』の作成には、中学校学習指導要領解説の121〜129頁（E球技［第1学年及び第2学年]）の（1）知識及び技能、（2）思考力、判断力、表現力等、（3）学びに向かう力、人間性等、それぞれにおける〈例示〉を参考にすると良いでしょう。

中学校第2学年の「球技」（ゴール型「サッカー」）の「単元の評価規準」

	知識・技能		思考・判断・表現	主体的に学習に取り組む態度
単元の評価規準	○知識 ①球技は、それぞれの型や運動種目によって主として高まる体力要素が異なることについて、学習した具体例を挙げている。 ②対戦相手との競争において、技能の程度に応じた作戦や戦術を選ぶことが有効であることについて、学習した具体例を挙げている。	○技能 ①得点しやすい空間にいる味方にパスを出すことができる。 ②パスやドリブルなどでボールをキープすることができる。 ③パスを受けるために、ゴール前の空いている場所に動くことができる。	①練習やゲームの場面で、最善を尽くす、フェアなプレイなどのよい取組を見付け、理由を添えて他者に伝えている。 ②仲間と話し合う場面で、提示された参加の仕方に当てはめ、チームへの関わり方を見付けている。	①マナーを守ったり相手の健闘を認めたりして、フェアなプレイを大切にしようとしている。 ②健康・安全に留意している。

「全ての評価規準」から当該単元（ここでは、中学校第2学年の球技ゴール型サッカー）において重点的に指導・評価する評価規準を授業者自身で選択・絞り込みをして、上記のような『中学校第2学年の「球技」（ゴール型「サッカー」）の「単元の評価規準」』を作成します。

2. 指導と評価の計画（学習過程：10時間扱い）

時間	1	2	3	4	5
学習過程	オリエンテーション ・学習の進め方の確認 ・4対4（＋GK）の試しのゲーム	【導入から活動①（単元前半）：(P72〜75)】 パスを回せパス＆ゴー、ボール出しゲーム			
		主な指導内容の確認 「得点しやすい空間にいる味方にパスを出すことができるとともに、パスやドリブルでボールをキープすることができるようにしよう。」			
		【活動②（単元前半）：(P78〜79)】 3対1ボールキープゲーム			
		【ゲーム（単元前半）：(P82〜83)】 6対6			
	5.本時のまとめ、片付け、整理運動、学習カードの記入、チーム毎の反省等				
評価計画及び評価方法 知	① (学習カード)		① (学習カード)		
技		① (観察)	② (観察)	① (観察)	② (観察)
思				① (観察・ 学習カード)	② (観察・ 学習カード)
態					

- 知…「知識」、技…「技能」、思…「思考・判断・表現」、態…「主体的に学習に取り組む態度」を示しています。
- 「評価計画及び評価方法」における丸数字は単元の評価規準、括弧内は評価方法を示しています。
- 1時間目にオリエンテーション、10時間目にサッカー大会を設定し、それ以外の単元2〜9時間目を4時間ずつ二分割（単元前半：2〜5時間目、単元後半：6〜9時間目）しています。この分割した数時間のまとまりを次（つぐ）とよぶ場合もあります。このようなまとまり毎に同じ活動を続け、同じ学習（指導）内容を設定することで、生徒にとっては無理なく時間をかけて学習していくことができるとともに、教師にとっても、指導と評価の一体化を真の意味で実現しやすくなります。単元が10時間未満の場合には、2〜9

6	7	8	9	10
【導入から活動①（単元後半）：（P72～77）】 パスを回せパス＆ゴー、1対1ドリブル通過				6対6（＋GK）
2．主な指導内容の確認 「ゴール前の空いている場所でパスを受けるための動きを工夫しよう。」				
【活動②（単元後半）：（P80～81）】 4対2ボールキープゲーム				
【ゲーム（単元後半）：（P82～83）】 6対6				

6	7	8	9	10
	② （学習カード）			総括的な評価
	③ （観察）		③ （観察）	
		① （観察・ 学習カード）	② （観察・ 学習カード）	
① （観察・ 学習カード）		② （観察）		

時間目の内容を取り上げ、単元8時間で設定しても良いでしょう。

・1チームを男女混合の「きょうだいチーム」とします。10～11人の3チームで行い、2チームが対戦し、前半は男子同士、後半は女子同士で行います（これは一つの例です）。残りの1チームは、紅白戦（「きょうだいチーム」内で対戦）をします。導入や活動①②はチーム内で教え合いながら進めていきます。他方で、「ゲーム」の活動においては、他のチームと対戦する形をとり、前半は男子同士、後半は女子同士の対戦となるようにし、その合計得点を競う方法もあります。また、タブレット（ICT）を活用して、待機している生徒が自チームの仲間の映像を撮影し、動画を基にしながら、仲間の課題や出来栄えを伝えるという対話的な学びを促す工夫もできます。

本時の目標

- ・パスやドリブルなどでボールをキープすることができる。　　　【知識及び技能】
- ・対戦相手との競争において、技能の程度に応じた作戦や戦術を選ぶことが有効であることについて、学習した具体例を挙げている。　　　【知識及び技能】

本時の展開（3 時間目／10 時間中）

時間	学習内容・学習活動	○指導上の留意点　■評価
導入 15分	1. W-up と導入、活動①（チームごと） 　①準備運動・ボール慣れ 　②パスを回せパス＆ゴー 　③ボール出しゲーム	○チームの自主的な活動を促すように、リーダーを中心にホームコートで行うように指示する。 ○導入の活動では、教師の合図で行い、制限時間内のパス回しの回数を記録するよう指示する。 ○各チームを巡回し、自己の課題に対して解決を図れるように巡視しながら助言する。
	2. 集合、6列縦隊（各チーム2列 　（きょうだいチーム））に整列、挨拶、出席確認 3. 本時のねらいの確認	○チームごとに素早く集合・整列させ、健康観察を行う。見学者には本時の目標に即して所属チームの課題を記録するように指導する。 ○発問によって前時の学習（課題）から本時のねらいにつなげるようにする。
	①パスやドリブルなどでボールをキープしよう。 ②自チームの有効な作戦を選択しよう。	○パスやドリブルなどでボールをキープするとはどういう状況なのか、デモンストレーションを通して説明し理解を促す。 ○本時のねらいを受けて個人の目標を立てさせる。 ○本時のねらいを意識できるように、ねらいに即した具体的な言葉がけをする。
展開 27分	4. 活動②：3対1鳥かごボールキープゲーム ・チームごとに実施する（男女混合）。 5. ゲームの活動：オールコート6対6（＋GK）のゲーム ・前後半5分（2分半でポジション交代）とし、原則として前半：男子同士、後半：女子同士で対戦する。得点は前後半の合計とする。 ・ゲームに参加していない生徒は、タブレット（ICT）でゲームを撮影する係、得点、審判の運営を行う。 ・40m×20mのコートで実施する。	○チーム内で教え合いができるように観察する視点を提示する。 ○攻撃と守備は時間で交代させる。 ○タブレット（ICT）にいくつかの作戦例を示しておき、作戦タイムにおいて、各チームが作戦を選択できるようにする。 ○巡視しながら、本時の練習の成果が現れた動きについて積極的に称賛する。 ○ハーフタイムを3分設定し、タブレット（ICT）で撮影したゲーム映像を視聴させ、本時のねらいに即したチームの成果と課題を確認させるとともに、課題の焦点化した発問等を行う。 ○チームの仲間にアドバイスを送ったり、応援をしている生徒など、個々の良さやグループの良さを積極的に賞賛する。 ■パスやドリブルなどでボールをキープすることができる。【知識・技能】（観察）
	6. 片付け、集合、整理運動、学習カード記入、チームごとの振り返り	○学習カードに本時のねらいに対する振り返りができているかを確認する。 ○学習カードに記入した内容を発表させることで、自己のまとめの確認と学習した内容を整理させる。 ■対戦相手との競争において、技能の程度に応じた作戦や戦術を選ぶことが有効であることについて、学習した具体例を挙げている。【知識・技能】（学習カード）
整理 8分	7. 本時のまとめ、次回の予告、挨拶	○前時よりも積極的に取り組んでいた生徒やチーム等を全体に紹介し称賛することで次時の意欲につなげる。 ○次時で学習することを告げ、次時の見通しを持たせる。

本時の目標

・得点しやすい空間にいる味方にパスを出すことができる。　　　　　【知識及び技能】
・対戦相手との競争において、技能の程度に応じた作戦や戦術を選ぶことが有効である
　ことついて、学習した具体例を挙げている。　　　　　　　　　　　【知識及び技能】

本時の展開（7時間目／10時間中）

時間	学習内容・学習活動	○指導上の留意点　■評価
導入 15分	1. W-up と導入、活動①（チームごと） ①準備運動・ボール慣れ ②ボールを回せパス＆ゴー ③1対1ドリブル通過 2. 集合、6列縦隊（各チーム2列 （きょうだいチーム））に整列、挨拶、出席確認 3. 本時のねらいの確認 ①得点しやすい空間にいる味方への パスを工夫しよう。 ②対戦相手の特徴に応じた作戦や戦術を工夫しよう。	○チームの自主的な活動を促すために、リーダーを中心にホームコートで行うように指示する。 ○導入の活動では、教師の合図で行い、制限時間内のパス回しの回数や得点を記録するよう指示する。 ○自己の課題に対して解決を図れるように巡視しながら助言する。 ○チームごとに素早く集合・整列させ、健康観察を行う。見学者には本時の目標に即して所属チームの課題を記録するように指導する。 ○発問によって前時の学習（課題）から本時のねらいにつなげるようにする。 ○得点しやすい空間にいる味方へのパスについて、コート上にゲーム状況を作って説明して、理解を促す。 ○本時のねらいを受けて個人の目標を立てさせる。 ○チーム内で教え合いができるように観察する視点を提示する。
展開 27分	4. 活動②：4対2鳥かご（ボールキープゲーム ・チームごとに実施する（男女混合）。 5. ゲームの活動：オールコート6対6（＋GK）のゲーム ・前後半5分（2分半でメンバー・ポジション交代）とし、原則として前半：男子同士、後半：女子同士で対戦する。 ・ゲームに参加していない生徒は、タブレット（ICT）でゲームを撮影する係、ゲーム記録係、得点、審判の運営を行う。 ・20m×40mのコートで実施する。 6. 片付け、集合、整理運動、学習カード記入、チームごとの振り返り	○各チームを巡回して、チームの課題やその解決方法を助言する。 ○攻撃と守備は時間で交代させる。 ○タブレット（ICT）にいくつかの作戦例を示しておき、作戦タイムにおいて、各チームが作戦を選択できるようにする。 ○巡視しながら、本時の練習の成果が現れた動きについて積極的に称賛する。 ○ハーフタイムを3分設定し、タブレット（ICT）で撮影したゲーム映像を視聴させ、本時のねらいに即したチームの成果と課題を確認させるとともに、課題の焦点化した発問等を行う。 ○各役割をしっかり遂行させる。 ○チームの仲間にアドバイスを送ったり、応援をしている生徒など、個々の良さやグループの良さを積極的に賞賛する。 ■得点しやすい空間にいる味方にパスを出すことができる。 【知識・技能】（観察） ○チームの勝敗だけを競うのではなく、ゲーム記録を活用しながら1人1人の動き・チームの動きを話し合わせ、次時はどのようにしたいかを考えるように支援する。 ■対戦相手との競争において、技能の程度に応じた作戦や戦術を選ぶことが有効であることについて、学習した具体例を挙げている。 【知識・技能】（学習カード）
整理 8分	7. 本時のまとめ、次回の予告、挨拶	○学習カードに記入した内容を発表させることで、自己のまとめの確認と学習した内容を整理させる。 ○次時で学習することを告げ、次時の見通しを持たせる。

ゴール型サッカー　学習カード　2年　組　番　名前 _____

時間	課題	教員コメント
1	〈サッカーの実技を通してで高まる体力について説明してみよう〉	
2	〈ゴール前で効果的にパスを受けるために工夫した点を書き出そう〉	
3	〈自チームが選択した作戦の特徴を説明してみよう〉	
4	〈練習やゲーム場面で見つけた、仲間のフェアプレイや最善を尽くすプレイ等について書きだそう。〉	
5	〈チーム内での自身の役割とチームで協力して練習やゲームを進めるために工夫した点を書き出そう〉	
6	〈練習やゲーム場面で、自身が実施したフェアなプレイ等について自己評価を書き出そう〉	

時間	課題	教員コメント
7	〈対戦相手の特徴に応じて工夫した作戦や戦術について説明してみよう〉	
8	〈練習やゲーム場面で見つけた、仲間のフェアプレイや最善を尽くすプレイ等について書きだそう。〉	
9	〈チーム内での自身の役割とチームで協力して練習やゲームを進めるために工夫した点を書き出そう〉	
10	〈サッカーの授業を通して学んだこと、また、サッカーをしたことない人にサッカーの魅力をどう伝えるか、自分なりにまとめてみよう〉	

サッカーの指導と展開
中学校 3 年生

３年生・単元前半後半
授業の流れ＆場の設定

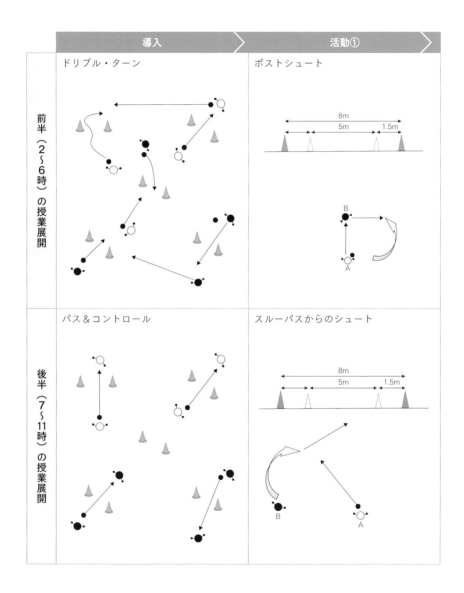

導入	活動①

前半（2〜6時）の授業展開

ドリブル・ターン

ポストシュート

後半（7〜11時）の授業展開

パス＆コントロール

スルーパスからのシュート

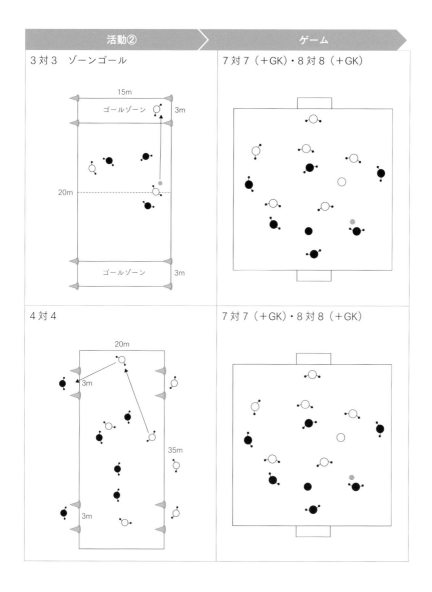

活動②	ゲーム
3対3　ゾーンゴール	7対7（＋GK）・8対8（＋GK）
4対4	7対7（＋GK）・8対8（＋GK）

15m

ゴールゾーン

3m

20m

ゴールゾーン

3m

20m

3m

35m

3m

単元前半（2〜6時間目）

導入

ドリブル・ターン

活動のねらい

スムーズなドリブル・ターンでボールを保持し空いているところへ運ぶことができる。

指導（言葉がけ）のポイント

・ボールだけを見るのではなく、ボールと周りを同一視野に入れながらドリブルする。

生徒の実態に応じた工夫

・技能が低い段階では、一回ごとのタッチにおけるボールの距離調節を意識する。

・技能が高い段階では、左右の足を使って、1歩に1回タッチすることを意識しながらドリブルやターンをする。

・ゲートの幅や数を調整する

....

（1）大きさ：23×23m、コーンゴール幅は 3m で 5 か所ランダムに設定する。

（2）用具：ボール、コーン、ビブス

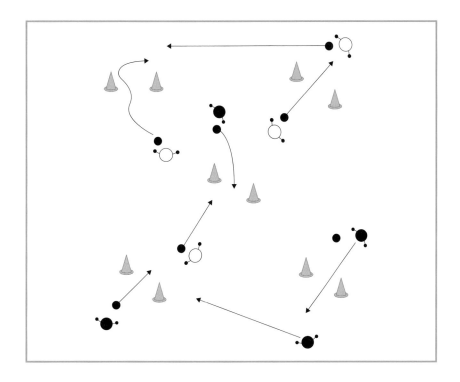

（3）方法：

・1人ボール1個で、8～10人程度で実施する。

・ドリブルやターンでコーンゴールの間を通過する。

・時間を設定し、通過回数を競う。

・連続して同じコーンゴールは通過することはできない。

・制限時間内に全てのコーンゴールを通過するとボーナスポイント（例えば、
  ＋5ポイント）を得ることができる。

・コーンゴール通過を連続的に、迅速に繰り返し行う。

・他のドリブルしている仲間と接触しないよう注意する（例えば、他の仲間の
  ドリブルするボールと接触すると－1ポイントというルールを追加しても良
  い）。

・ペアを決めて、1人が実施する際には、もう1人は、観察しながら、得点を
  数える役割を担うという形で進めても良い。

導入 ｜ 単元後半（7〜11時間目）
パス＆コントロール

活動のねらい

味方が操作しやすいパスを送ることができる。

次のプレーにつながるトラップをすることができる。

生徒の実態に応じた工夫

- 技能が高い段階では、左右の足を使って、ドリブル、ターン、パス、コントロールをする。
- ゲートの幅や数を調整する

指導（言葉がけ）のポイント

- パスを受けやすい位置へ動く。
- 視野を確保しながら、ペアの仲間と声を掛け合ってプレーする。
- 次のプレーにつながる体の向きを意識し、ボールコントロールをする。

（1）大きさ：23×23m、コーンゴール幅は 3m で 5 か所ランダムに設定する。

（2）用具：ボール、コーン、ビブス

（3）方法：

- 2 人 1 組ボール 1 個で、パス交換（インサイドのキック＆ボールコントロール）しながら移動し、コーンゴールの間をパスで通す。
- 4 あるいは 5 ペアで実施する。
- 時間を設定し、通過回数を競う。
- 連続して同じコーンゴールは通過することはできない。
- 制限時間内に全てのコーンゴールを通過するとボーナスポイントを得ることができる。
- 他のペアと接触しないよう注意する。

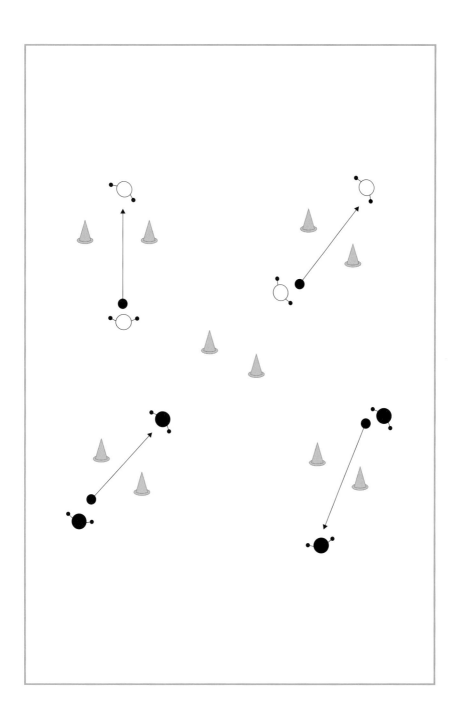

第1学年　第2学年　第3学年

活動①

単元前半（2〜6時間目）

ポストシュート

活動のねらい

ゴールの枠内にシュートをコントロールすることができる。

生徒の実態に応じた工夫

・技能が高い段階では、強いボールで両端を狙うようにする。

・生徒の実態に応じて、ポスト役の位置を調整して実施する。

指導（言葉がけ）のポイント

・シュートをする生徒は、コースを狙う。

・シュートをする生徒は、ボールをよく見てシュートをうつ。

・壁役の生徒は、シュートをする生徒が走り込んでシュートできる位置に
　ボールをコントロールする。

（1）用具：ボール、コーン（大2、小2）

（2）方法：

・AがBにパスを出す。

・Aは矢印の方向に走る。

・Bは走り込んできたAにパスを出す。

・Aは走り込んでシュートをする。

・チーム内でシュート、ポスト役、ボール拾いをローテーションしながら進める。

・制限時間内におけるチームの合計得点を記録し、毎時間の得点の伸びを実感する。なお、ゴール両端の大コーンと小コーンの間に入れると2点とする。

・サッカーゴールが設置できる施設・用具条件が整う場合には、キーパーを設置して実施しても良い。

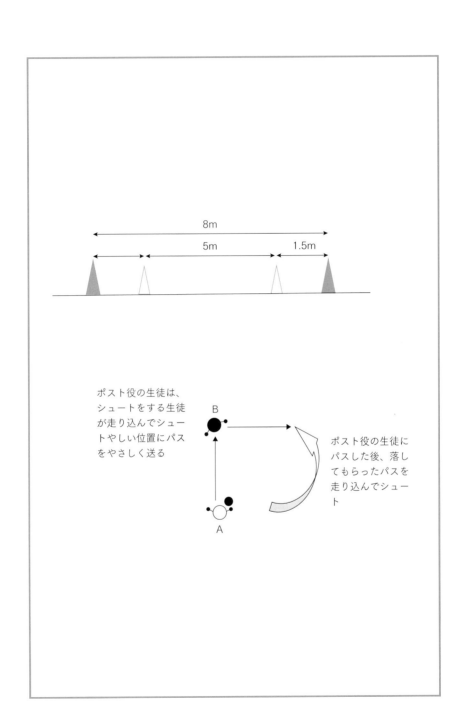

8m

5m

1.5m

ポスト役の生徒は、
シュートをする生徒
が走り込んでシュー
トやしい位置にパス
をやさしく送る

B

ポスト役の生徒に
パスした後、落し
てもらったパスを
走り込んでシュー
ト

A

活動① 単元後半（7〜11 時間目）
スルーパスからのシュート

活動のねらい

- スルーパスにタイミング合わせてゴールの枠内にシュートをコントロールすることができる。
- 仲間が走り込む位置にシュートをしやすいパスを送ることができる。

生徒の実態に応じた工夫

- 生徒の実態に応じて、スルーパスを出す位置、走り出す位置を調整して実施する。

指導（言葉がけ）のポイント

- シュートをする人：スルーパスのタイミングに合うように工夫して走る。
- スルーパスを出す人：シュートをする人の前にパスを出す（距離・角度・強さを考慮する）。

・・・

（1）用具：ゴールの大きさはポストシュートと同じ。
（2）方法：

- B がボールを持ち、A が矢印の方向に走り込む。
- B は A が走り込んでくるスペースにボールを出す。
- A がシュートをする。
- サッカーゴールが設置できる施設・用具条件が整う場合には、キーパーを設置して実施しても良い。

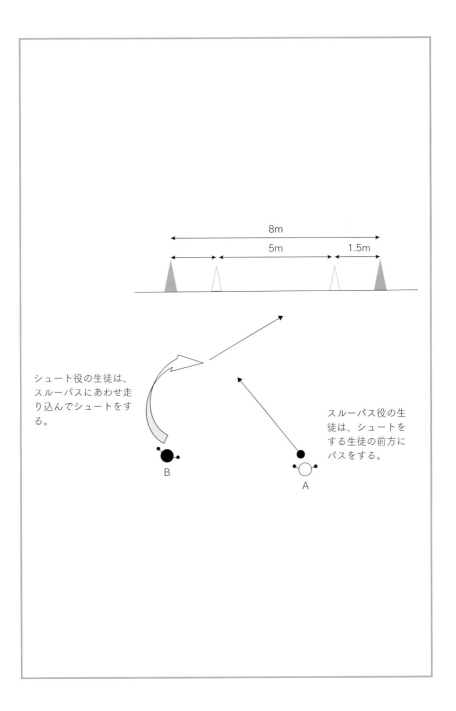

8m

5m

1.5m

シュート役の生徒は、
スルーパスにあわせ走
り込んでシュートをす
る。

スルーパス役の生
徒は、シュートを
する生徒の前方に
パスをする。

B

A

活動② | 単元前半
3対3　ゾーンゴール

活動のねらい

- 味方や相手の動きを見ながら、ドリブルでゴール方向にボールを運んだり、フリーな味方にパスを出したりする
- ボール非保持者は、味方や相手の動きを見ながらスペースを見つけ、素早く走り込んで味方からのパスを受ける
- 守備側は、ゴールにボールを運ばれないようにボール保持者をマークしたり、ゴール方向を意識したポジショニングを行う

指導（言葉がけ）のポイント

- ルックアップをして、味方や相手の状況を把握する
- ボール保持者は、前方にスペースがあればドリブルでボールを進め、守備者にマークされている場合はボールをキープしながら、フリーな味方を見つけてパスを出す
- ボール非保持者は、スペースを見つけて素早く走り込み、パスをもらえる体勢をつくる
- 味方同士で声をかけ合い、守備を突破する／攻撃に突破されないようにする

生徒の実態に応じた工夫

- なかなか得点が入らない（ゴールゾーンへのパスが通らない）場合は、ゴールマン（ゴールゾーン内のみプレイできる）を入れて4対4で行う

- -

(1) 大きさ：20m（内ゴールゾーン各3m）×15m
(2) 用具：ボール、コーンまたはマーカー、ビブス

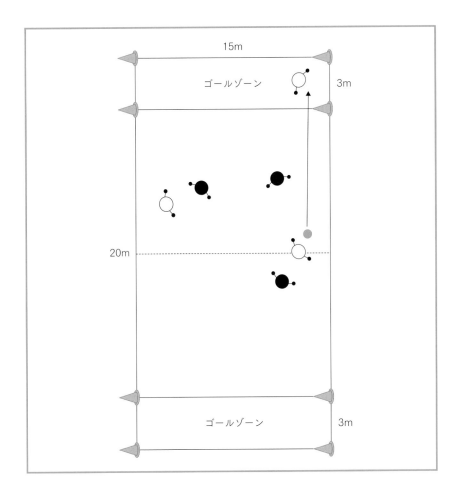

15m

ゴールゾーン

3m

20m

ゴールゾーン

3m

（3）方法：

・3対3で行う

・攻撃側は、ドリブルまたはパスをつないでゴール方向にボールを運び、ゴールラインをドリブルでゾーン内でボールをとめるか、またはゴールゾーン内でパスを受ける（しっかりと足の裏でボールを止める）と得点になる

・ゲーム時間は4分間（×3ゲーム）とする。ゲームに出ない人は、審判、記録係、（タブレットで）撮影係など、それぞれの役割を分担する

第1学年 第2学年 第3学年

活動② | 単元後半

4対4・4ゴール

活動のねらい

- ボール保持者は、相手の状況を見ながらドリブル・ターンやパスワークでボールを保持したり、空いているところへボールを運んでゴールをねらう
- 攻撃側のボール非保持者は、左右のゴールに迫るために、守備者を引きつけるなどして、ゴール前にスペースを作りだす

指導（言葉がけ）のポイント

- 攻撃側のボール非保持者は、ボールを受けるためのサポートの角度と距離を意識する
- 攻撃側のボール非保持者は、守備者を引きつけて左右どちらかのゴール前にスペースを作りだす
- 守備側は、相手のボールを奪いにいきながらも、左右のバランスを保ちながらマークやカバーをする

生徒の実態に応じた工夫

- なかなか得点が決まらない場合、コーンゴール幅を広め（5m～7m）に設定する

-----

(1) 大きさ：35（40）m×20m、コーンゴール幅 3-5m、
(2) 用具：ボール、コーン、マーカー、ビブス

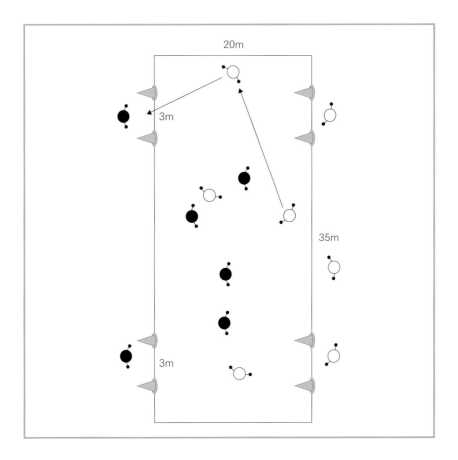

（3）方法：

・4人対4人

・攻撃側は、敵陣の左右いずれかのゴールを狙う

・守備側は、自陣の左右2つのゴールを3人で守る

・得点が決まったり、ボールが外に出たりした場合は、自陣のゴールラインからパスまたはドリブルで再開する

・ゲーム時間は4分間（×3ゲーム）とする。ゲームに出ない人は、審判、記録係、（タブレットで）撮影係など、それぞれの役割を分担する

第3学年

ゲーム　全時間

7 対 7 （＋GK）・ 8 対 8 （＋GK）

活動のねらい

- 活動①②で学習した内容を踏まえて、仲間と連携した動きによってゴール前に空間を作りだすなどの動きによって、ゴール前への侵入などから攻防をすることができる。
- 自己のチームや相手チームの特徴を踏まえた作戦を立ててゲームに取り組むことができる。

生徒の実態に応じた工夫

- 技能が低い段階では、少人数で実施する。
- 技能が高い段階では、ポジションやフォーメーションを意識したゲームを実施する。

指導（言葉がけ）のポイント

- 作戦に応じた定位置（ポジション）を設定し、仲間と連携しながら攻撃や守備を実施する。
- 攻撃においては、パスを出した後に次のパスを受ける動きをすることや、空間を作りだす動きを繰り返す。
- 守備においては、仲間と声を掛け合いながら連携し、マークやカバーなどによってボールを奪う。

（1）大きさ：コートは 50m×30m
ゴールはサッカーゴール又は、カラーコーンの場合は 7m（ゴールは生徒の実態や学校の施設・用具条件による）
（2）用具：ボール、ゴール、ビブス、マーカー

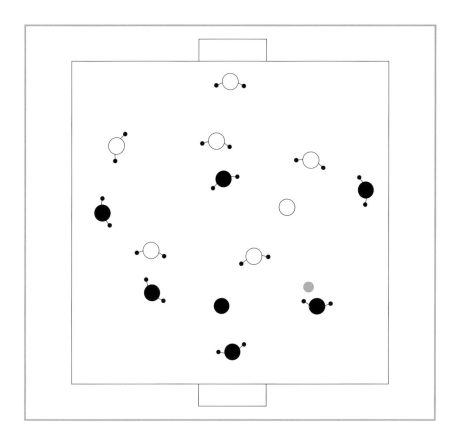

（3）方法：

・前後半各5分とし、前半男子同士、後半女子同士で対戦する
　（人数調整やキーパーの交替はチーム内で行う）。

・ボールが外に出たら、キックインで再開する。ゲームに出ていない生徒は、
　ボールパーソンとなり、ボールが外に出たらすぐにゲームに出場している生
　徒にボール出しをすることで、実質的なゲームの時間を保証する。

・得点が決まったら、決められたチームのボールでコート中央から再開する。

単元前半（2〜6時間目）

2対1＋ゴールマンの ボール回し

活動のねらい

味方や相手を見ながら味方が操作しやすいパスを送ることができる。

パスを出した後に次のパスを受けることができる。

生徒の実態に応じた工夫

・技能が低い段階では、ゴールマンを設定せずに、守備者に取られないように3対1でパスを回すというルールで実施する。また、はじめの段階では、ボールを持たないときの動きの確認をするために、ハンドリング（頭上のパスとバウンドのパスは禁止）で実施しても良い。

・技能が高い段階では、攻撃側のボールタッチの数の制限（例えば2タッチなど）をする。

指導（言葉がけ）のポイント

・攻撃側のボール非保持者は、ボールを受けるためのサポートの角度と距離を意識する。

・ボール非保持者がボールを受ける際には、ボール保持者ともう1人のボール非保持者どちらにもパスを送ることができるための体の向きを意識する。

・ボール非保持者がボールを受ける際に守備者にパスコースをふさがれている場合には、逆方向に動き直しをするなどの連続的な動きを実施してパスコースを作りだす。

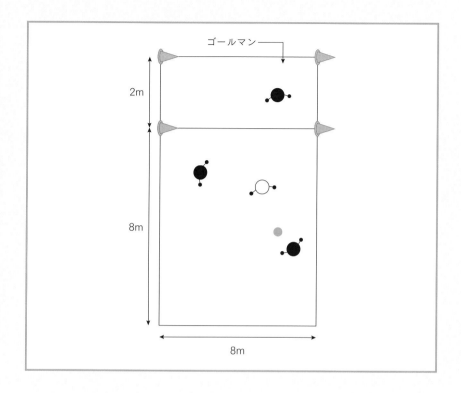

（1）方法：

・3対1で守備側に取られないようにパスを回す。

・攻撃側は、ゴールマン（味方）へパスを通したら1点、あるいは、ゴールマン以外の2名で5本のパス（生徒の実態に応じてパス本数を 調整する）を通したら1点とする。

・守備側はボールを奪う。

・時間で攻撃と守備をローテーションしながら、制限時間内に攻撃側が何点取ることができるのかを記録していく。

単元後半
3対3＋フリーマン（FM）

活動のねらい

ボール保持者は、相手の状況を見ながらドリブル・ターンやパスワークで
ボールを保持したり、空いているところへボールを運んでゴールを狙う。
攻撃側のボール非保持者は、左右のゴールに迫るために、守備者を引きつけ
るなどして、ゴール前にスペースを作りだす。

生徒の実態に応じた工夫

・なかなか得点が決まらない場合、コーンゴール幅を広め（5m〜7m）に設
　定する。

指導（言葉がけ）のポイント

・攻撃側のボール非保持者は、ボールを受けるためのサポートの角度と距離
　を意識する。
・攻撃側のボール非保持者は、守備者を引きつけて左右どちらかのゴール前
　にスペースを作りだす。
・守備側は、相手のボールを奪いにいきながらも、左右のバランスを保ちな
　がらマークやカバーをする。

（1）大きさ：35（40）m×20m、コーンゴール幅 3-5m、
（2）用具：ボール、コーン、マーカー、ビブス

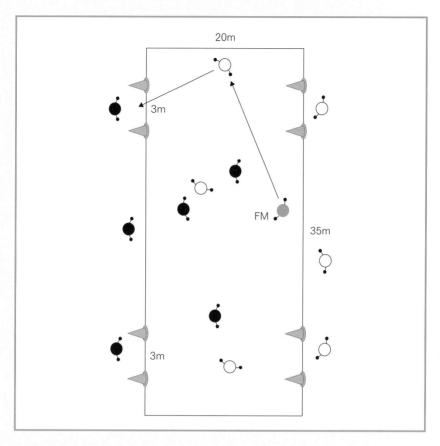

（3）方法：

・3人対3人＋フリーマン（FM：攻撃側の味方となる）。攻撃側は、敵陣の
　左右いずれかのゴールを狙う。守備側は、自陣の左右2つのゴールを3人
　で守る。

・攻撃の際、フリーマンが攻撃側の味方となるため、4対3の数的優位の状
　態になる（但し、フリーマンは、シュートをうつことはできない）。

・得点が決まったり、ボールが外に出たりした場合は、自陣のゴールライン
　らパスまたはドリブルで再開する。

・ゲーム時間は4分間（×3ゲーム）とする。ゲームに出ない人は、審判、
　記録係、（タブレットで）撮影係など、それぞれの役割を分担する。

単元後半

攻撃 4 対守備 3 ＋ サポーター 4

活動のねらい

- 相手の状況を見て判断して、ドリブル・ターンでボールを保持し空いているところへ運びシュートやパスの選択肢を持つ
- 自分の技術課題に積極的にチャレンジする
- 相手の状況を見て判断して、パスワークで味方と協力してボールを保持し空いているところや空いているコーンゴールを意識してパスを展開しシュートを狙う
- コーンゴールの位置や相手の状況を観て判断し、幅や厚みの原則を意識した位置取りをして、味方と協力して空いているコーンゴールを狙う
- ボールを奪いに行き、コーンゴールを守る

生徒の実態に応じた工夫

- なかなか得点が決まらない場合、コーンゴール幅を広め（5m-7m）に設定する。

評価、指導（言葉かけ）のポイント

空いたところを狙いながらドリブルやパスをしている。

空いているコーンゴールを意識しながらプレーしようとしている。

パスを受けやすい位置、ゴールを狙いやすい位置へ動いている。

（攻撃の原則：幅・厚み）

味方と声を掛け合っている。

味方にアドバイスをしている。

（1）大きさ：35（25）m×20m、コーンゴール幅 3〜5m

（2）用具：ボール、コーン、マーカー、ビブス

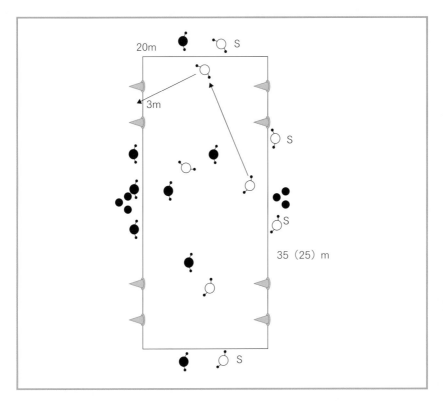

（3）方法：

- 数的優位 4 人チームの攻撃でボールは自陣ライン中央サポーターのパスから始める。ボールが外に出たら数的優位 4 人チームの自陣サポーターからのパスで再開する。
- はじめ数的優位 4 人チームは相手左右 2 つのコーンゴールを狙う→ボール失ったら奪い返す。数的劣位 3 人は自陣左右 2 つのコーンゴールを守る→ボール奪ったら相手左右 2 ゴールを狙う：攻守の切り替え
- 数的優位 4 人チームは周りの味方サポーター（左右 2 人後方 2 人）を自由に活用してもよい
- 時間で数的優位 4 人劣位 3 人を交代する
- 発展⇒ 3 対 3 ＋フリーマン（攻撃側の味方）＋サポーター有無 攻守の切り替えありボールが外に出たら相手ボールで再開する 常にサポーターを活用できる

単元全時間

4対4（＋GK）・
5対5（＋GK）

活動のねらい

導入の活動、展開1の活動で学習した内容を踏まえて、仲間と連携した動き
によってゴール前に空間を作りだすなどの動きによって、ゴール前への侵入
などから攻防をすることができる。

自己のチームや相手チームの特徴を踏まえた作戦を立ててゲームに取り組む
ことができる。

生徒の実態に応じた工夫

生徒の実態に応じて、キーパーを設置せず、コーンゴールに高さ制限を設け
た（ゴム紐など）上で実施する。

技能が低い段階では、単元後半においても4対4の人数で実施する。技能
が高い段階では、7対7など、人数を多くし、ポジションやフォーメーショ
ンを意識したゲームを実施する。

指導（言葉がけ）のポイント

・作戦に応じた定位置（ポジション）を設定し、仲間と連携しながら攻撃や
　守備を実施する。

・攻撃においては、パスを出した後に次のパスを受ける動きをすることや、
　空間を作りだす動きを繰り返す。

・守備においては、仲間と声を掛け合いながら連携し、マークやカバーなど
　によってボールを奪う。

（1）大きさ：

・コートは 40m×20m

・ゴールはサッカーゴールまたは、カラーコーンの場合は 7m（ゴールは生徒
　の実態や学校の施設・用具条件による）

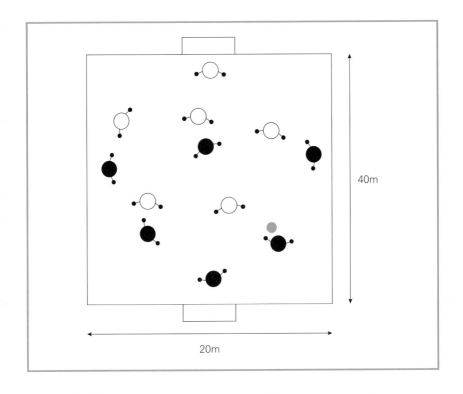

40m

20m

（2）用具：ボール、ゴール、ビブス、マーカー

（3）方法：

前後半各5分とし、前半男子同士、後半女子同士で対戦する（人数調整やキーパーの交替はチーム内で行う）。

ボールが外に出たら、キックインで再開する。ゲームに出ていない生徒は、ボールパーソンとなり、ボールが外に出たらすぐにゲームに出場している生徒にボール出しをすることで、実質的なゲームの時間を保証する。

得点が決まったら、決められたチームのボールでコート中央から再開する。

単元前半（単元2〜6時間目）では4対4、単元後半（単元7〜11時間目）では5対5で実施する。

第3学年の単元計画／評価規準例／展開例／学習カード例

1. 評価規準の設定

中学校第3学年及び高等学校入学年次「球技」の全ての「単元の評価規準」

	知識・技能		思考・判断・表現	主体的に学習に取り組む態度
全ての「単元の評価規準」	○知識 ・球技の各型の各種目において用いられる技術や戦術、作戦には名称があり、それらを身に付けるためのポイントがあることについて、学習した具体例を挙げている。 ・戦術や作戦に応じて、技能をゲーム中に適切に発揮することが攻防のポイントであることについて、学習した具体例を挙げている。 ・ゲームに必要な技術と関連させた補助運動や部分練習を繰り返したり、継続して行ったりすることで、結果として体力を高めることができることについて、言ったり、書き出したりしている。 ・練習やゲーム中の技能を観察したり分析したりするには、自己観察や他者観察などの方法があることについて、言ったり書き出したりしている。	○技能 ア　ゴール型 ・ゴールの枠内にシュートをコントロールすることができる。 ・味方が操作しやすいパスを送ることができる。 ・守備者とボールの間に自分の体を入れてボールをキープすることができる。 ・ゴール前に広い空間を作りだすために、守備者を引きつけてゴールから離れることができる。 ・パスを出した後に次のパスを受ける動きをすることができる。 ・ボール保持者が進行できる空間を作りだすために、進行方向から離れることができる。 ・ゴールとボール保持者を結んだ直線上で守ることができる。 ・ゴール前の空いている場所をカバーすることができる。 ※イ「ネット型」、ウ「ベースボール型」は省略	・選択した運動について、合理的な動きと自己や仲間の動きを比較して、成果や改善すべきポイントとその理由を仲間に伝えている。 ・自己や仲間の技術的な課題やチームの作戦・戦術についての課題や課題解決に有効な練習方法の選択について、自己の考えを伝えている。 ・選択した運動に必要な準備運動や自己が取り組む補助運動を選んでいる。 ・健康や安全を確保するために、体調や環境に応じた適切な練習方法等について振り返っている。 ・ルールを守り競争したり勝敗を受け入れたりする場面で、よりよいマナーや行為について、自己の活動を振り返っている。 ・チームで分担した役割に関する成果や改善すべきポイントについて、自己の活動を振り返っている。 ・作戦などの話合いの場面で、合意形成するための関わり方を見付け、仲間に伝えている。 ・体力や技能の程度、性別等の違いに配慮して、仲間とともに球技を楽しむための活動の方法や修正の仕方を見付けている。 ・球技の学習成果を踏まえて、自己に適した「する、みる、支える、知る」などの運動を継続して楽しむための関わり方を見付けている。	・球技の学習に自主的に取り組もうとしている。 ・相手を尊重するなどのフェアなプレイを大切にしようとしている。 ・作戦などについての話合いに貢献しようとしている。 ・一人一人の違いに応じた課題や挑戦及び修正などを大切にしようとしている。 ・互いに練習相手になったり仲間に助言したりして、互いに助け合い教え合おうとしている。 ・健康・安全を確保している。

カリキュラム・マネジメント充実の視点から、上記のように、中学校学習指導要領解説（文部科学省，2018）の例示をもとにした、『中学校第3学年及び高等学校入学年次「球技」の全ての「単元の評価規準」』を作成しておくと良いでしょう（国立教育政策研究所教育課程研究センター，2020）。上記の『全ての「単元の評価規準」』の作成には、中学校学習指導要領解説の129～137頁（E 球技［第3学年］）の（1）知識及び技能、（2）思考力、判断力、表現力等、（3）学びに向かう力、人間性等、それぞれにおける〈例示〉を参考にすると良いでしょう。

中学校第3学年の「球技」（ゴール型「サッカー」）の「単元の評価規準」

	知識・技能		思考・判断・表現	主体的に学習に取り組む態度
単元の評価規準	○知識 ①球技の各型の各種目において用いられる技術や戦術、作戦には名称があり、それらを身に付けるためのポイントがあることについて、学習した具体例を挙げている。 ②戦術や作戦に応じて、技能をゲーム中に適切に発揮することが攻防のポイントであることについて、学習した具体例を挙げている。	○技能 ①ゴール前に広い空間を作りだすために、守備者を引きつけてゴールから離れることができる。 ②パスを出した後に次のパスを受ける動きをすることができる。	①選択した運動について、合理的な動きと自己や仲間の動きを比較して、成果や改善すべきポイントとその理由を仲間に伝えている。 ②自己や仲間の技術的な課題やチームの作戦・戦術についての課題や課題解決に有効な練習方法の選択について、自己の考えを伝えている。	①相手を尊重するなどのフェアなプレイを大切にしようとしている。 ②健康・安全を確保している。

「全ての評価規準」から当該単元（ここでは、中学校第3学年の球技ゴール型サッカー）において重点的に指導・評価する評価規準を授業者自身で選択・絞り込みをして、上記のような『中学校第3学年の「球技」（ゴール型「サッカー」）の「単元の評価規準」』を作成します。

2. 指導と評価の計画（学習過程：12時間扱い）

時間	1	2	3	4	5	6
学習過程	オリエンテーション ・学習の進め方の確認 ・6対6（もしくは、7対7）（＋GK）の試しのゲーム	【導入から活動①（単元前半）：(P98〜103)】 W-UP、①ドリブル・ターン、②ポストシュート				
		主な指導内容の確認 「パスを出した後に次のパスを受ける動きをしよう。」				
		【活動②（単元前半）：(P106〜107)】 3対3ゾーンゴール				
		【ゲーム（単元前半）：(P110〜111)】 7対7、8対8（＋GK）				
	5. 本時のまとめ、片付け、整理運動、学習カードの記入、チーム毎の反省等					

評価計画及び評価方法		1	2	3	4	5	6
	知	① （学習カード）	② （学習カード）				
	技			② （観察・学習カード）		② （観察）	② （観察・学習カード）
	思				① （観察・学習カード）	① （観察・学習カード）	
	態		② （観察）		① （観察）		

・知…「知識」、技…「技能」、思…「思考・判断・表現」、態…「主体的に学習に取り組む態度」を示しています。

・「評価計画及評価方法」における丸数字は単元の評価規準、括弧内は評価方法を示しています。

・1時間目にオリエンテーション、12時間目にサッカー大会を設定し、それ以外の単元2〜11時間目を5時間ずつ2分割（単元前半：2〜6時間目、単元後半：7〜11時間目）しています。この分割した数時間のまとまりを次（つぐ）とよぶ場合もあります。このようなまとまり毎に同じ活動を続け、同じ技能の目標（評価規準）を設定することで、生徒にとっては無理なく、時間をかけて学習していくことができるとともに、教師にとっても、指導と

7	8	9	10	11	12
【導入から活動①（単元後半）：（P98〜105）】 W-UP、③パス＆ボールコントロール、④スルーパスからのシュート					サッカー大会 6対6 （もしくは、7対7）（＋GK）
2．主な指導内容の確認 「広い空間を作り出すための動きをしよう。」					
【活動②（単元後半）：（P108〜109）】 4対4の4ゴールゲーム			チームの課題に応じた練習実施（導入の活動①〜④、展開の活動①・②の中から選択した練習、あるいは、自チームで考案した練習を実施する）		
【ゲーム（単元後半）：（P110〜111）】 7対7、8対8（＋GK）					

7	8	9	10	11	12
① （学習カード）		② （学習カード）			総括的な評価
	① （観察・学習カード）		① （観察）	① （観察）	
			② （観察・学習カード）	② （観察・学習カード）	
② （観察）		① （観察）			

評価の一体化を真の意味で実現しやすくなります。

・1チームを男女混合の10名程度で構成し、導入や活動①②の活動はチーム内で教え合いながら進めていきます。他方で、ゲームの活動における6対6や7対7においては、他のチームと対戦する形をとり、前半は男子同士、後半は女子同士の対戦となるようにし、その合計得点を競います。また、タブレット（ICT）を活用して、ゲームに参加していない生徒が自チームのゲーム映像を撮影し、ハーフタイムやゲーム終了後にチームの作戦の課題を確認できるようにします。その際、教師側から課題を焦点化してゲーム映像を視聴させることで、対話的な学びが活性化します。

単元5時間目の流れ

本時の目標

- ・パスを出した後に次のパスを受ける動きをすることができるようにする。【知識及び技能】
- ・選択した運動について、合理的な動きと自己や仲間の動きを比較して、成果や改善すべきポイントとその理由を仲間に伝えることができるようにする。

【思考力、判断力、表現力等】

本時の展開（5時間目／12時間中）

時間	学習内容・学習活動	○学習の留意点　■評価
導入 15分	1. W-upと導入、活動①（チームごと） ①ボール慣れ・準備運動 ②ドリブル・ターン、ポストシュート 2. 集合、6列縦隊（各チーム2列（きょうだいチーム））に整列、挨拶、出席確認 3. 本時のねらいの確認 ①攻撃の際には、連続的な動きや動き直しを繰り返し、パスを受ける工夫をしよう。 ②ゲームにおける仲間の動きの成果や改善点を見付けよう。	○各チーム、トレーナー係を中心として、ストレッチやボール慣れを正確に行うよう指示する。 ○導入の活動では、教師の合図で行い、制限時間内の回数や得点を記録するよう指示する。また、巡視をしながら、ボール操作技能に関わった言葉がけを積極的に個別に行っていく。 ○出欠と見学者の確認は、各チームのリーダーに報告するよう指示する。見学者には、見学者カードを渡し、本時の目標に即して、自身が所属するチームの課題等を記録するよう指導する。 ○①については、パスを出した後に次のパスを受けることを意識するように、パスを出した後にそのまま止まっていてパスを受けることができない失敗例を教師がデモンストレーションで示す。また、②についての具体例を教師から明確に示す。 ○練習実施の際は、生徒が本時の技能の目標を意識できるように、本時の目標に即した個別的・具体的な言葉がけをする。模範的なプレイが出現した際には、一度、全体の活動を止めて、その模範的なプレイをした生徒の周りに集合させた上で、そのプレイを再現させて全員に観察させる。また、教師が観察させる際のポイントを絞り込み、わかりやすく解説する。
展開 27分	4. 活動②（3対3） ・チームごとに実施する（男女混合）。 5. ゲームの活動6対6（＋GK） ・前後半各5分とし、前半男子同士、後半女子同士で対戦する（人数調整やキーパーの交替はチーム内で行う）。 ・ゲームに参加していない生徒は、タブレット（ICT）でゲームを撮影する役割や得点、審判の運営を行う。 ・40m×20mのコートで実施する。	○ゲーム開始前に作戦タイムを実施し、チームの特徴に応じた作戦を立てるよう指示する。その際、作戦の話し合いが滞っているチームには、作戦例が示された資料等を提示し、そこから選択させるよう支援する。 ○ハーフタイムを3分設定し、タブレット（ICT）で撮影したゲーム映像を視聴させ、チームの仲間の成果や改善点等を確認するよう指導する。その際、各チームの対話を促すように、課題を焦点化させた発問等の言葉がけを行う。 ■パスを出した後に次のパスを受ける動きをすることができる。【知識・技能】（観察） ■選択した運動について、合理的な動きと自己や仲間の動きを比較して、成果や改善すべきポイントとその理由を仲間に伝えている。 【思考・判断・表現】（観察）
整理 8分	6. 片付け、集合、整理運動、学習カード記入、チームごとの振り返り 7. 本時のまとめ、次回の予告、挨拶	○学習カードに本時の思考力、判断力、表現力等の目標に即した記述ができているか確認する。 ■選択した運動について、合理的な動きと自己や仲間の動きを比較して、成果や改善すべきポイントとその理由を仲間に伝えている。 【思考・判断・表現】（観察・学習カード） ○前時よりも積極的・自主的に取り組んでいた生徒やチーム等を全体に紹介し称賛することで次時の意欲につなげる。

単元 10 時間目の流れ

本時の目標

- ・ゴール前に広い空間を作りだすために、守備者を引きつけてゴールから離れることができるようにする。　　　　　　　　　　　　　　　　　　　　　【知識及び技能】
- ・自己や仲間の技術的な課題やチームの作戦・戦術についての課題や課題解決に有効な練習方法の選択について、自己の考えを伝えることができるようにする。
　　　　　　　　　　　　　　　　　　　　　　　　　　　　【思考力、判断力、表現力等】

本時の展開（10 時間目／ 12 時間中）

時間	学習内容・学習活動	○学習の留意点　■評価
導入 15 分	1．W-up と導入、活動①（チームごと） ①ボール慣れ・準備運動 ②パス＆ボールコントロール、スルーパスからのシュート 2．集合、6 列縦隊（各チーム 2 列（きょうだいチーム））に整列、挨拶、出席確認 3．本時のねらいの確認 ①ゴール前に広い空間を作りだすための連携した動きを工夫しよう。 ②チームの課題に応じた有効な練習方法を選択・考案して、実施しよう 4．チームの課題に応じた練習実施 ・チームの戦術や作戦に応じた課題を話し合い、その課題解決に有効な練習を選択・考案した上で、実施する。 ・単元を通じて、これまでに実施してきた活動の中から選択、あるいは、自チームで考案した練習を実施する。 5．ゲームの活動 6 対 6＋GK ・前後半各 5 分とし、前半男子同士、後半女子同士で対戦する（人数調整やキーパーの交替はチーム内で行う）。 ・ゲームに参加していない生徒は、タブレット（ICT）でゲームを撮影する役割や得点、審判の運営を行う。 ・40m×20m のコートで実施する。	○各チーム、トレーナー係を中心として、ストレッチやボール慣れを正確に行うよう指示する。 ○導入の活動では、教師の合図で行い、制限時間内の回数や得点を記録するよう指示する。また、巡視をしながら、ボール操作技能に関わった言葉がけを積極的に個別に行っていく。 ○出欠と見学者の確認は、各チームのリーダーに報告するよう指示する。見学者には、見学者カードを渡し、本時の目標に即して、自身が所属するチームの課題等を記録するよう指導する。 ○前時の学習を振り返りながら、どのような反省点があったのかを問いかけながら本時の目標を引き出していく。その後、①については、サッカー部（いなければその他のゴール型種目）の部活に所属する生徒にデモンストレーションをしてもらい、本時の 100 点プレイを視覚的に示す。②についての具体例を明確に示す。 ○練習実施の際は、各チームの課題が適切に把握できているか、また、各チームの課題解決に有効な練習を選択・考案できているかという視点から観察し、言葉がけを行う。 ○話し合いに時間がかかり、練習開始が遅れているチームには、教師から練習方法の選択を提示し、練習実施を促す。 ○準備や移動等を速やかに行わせる。 ○ゲームの前に攻撃と守備に関わるチームの作戦を確認し、展開の活動で試すよう指示する。 ○攻守の際の定位置（ポジション）を意識させ、そこからどのように動いてゴール前の空間を作るのかを各チームが対話的に解決できるよう、発問をして促す。連携した守備についても適宜、指導する。 ○ハーフタイムを 3 分設定し、タブレット（ICT）で撮影したゲーム映像を視聴させ、チームの作戦の成果と課題を確認するよう指導する。その際、各チームの対話を促すように、課題を焦点化させた発問等の言葉がけを行う。 ■ゴール前に広い空間を作りだすために、守備者を引きつけてゴールから離れることができる。 【知識・技能】（観察） ○学習カードに本時の思考力、判断力、表現力等の目標に即した記述ができているか確認する。 ■自己や仲間の技術的な課題やチームの作戦・戦術についての課題や課題解決に有効な練習方法の選択について、自己の考えを伝えている。 【思考・判断・表現】（観察・学習カード） ○学習カードに記入した内容を発表させることで、自己のまとめの確認と学習した内容を整理させる。
展開 27 分		
整理 8 分	6．片付け、集合、整理運動、学習カード記入、チームごとの振り返り 7．本時のまとめ、次回の予告、挨拶	

ゴール型サッカー　学習カード　3年　組　番　名前

時間	課題	教員コメント
1	〈本時で学んだサッカーの技術の名称を書き出そう。〉	
2	〈戦術や作戦に応じて技能をゲーム中に発揮するためのポイントについて書き出そう。〉	
3	〈サポート（ボールを持たないとき）の動きで工夫した点について書き出そう。〉	
4	〈ゲーム中における自身の動きについての成果や改善点を具体的に書き出そう。〉	
5	〈ゲーム中におけるチームの仲間の成果や改善点を具体的に書き出そう。〉	
6	〈自身のゲーム中のプレイについての自己評価を書き出そう。〉	

時間	課題	教員コメント
7	〈本時で学んだサッカーの技術の名称を書き出そう。〉	
8	〈空間を作りだす動きについて工夫した点を書き出そう。〉	
9	〈チームの作戦・戦術に応じた技能をゲーム中に発揮するためのポイントについて書こう。〉	
10	〈チームにおける作戦・戦術の課題解決に向けた有効な練習方法について書き出そう。〉	
11	〈チームにおける作戦・戦術の課題解決に向けた有効な練習方法について書き出そう。〉	
12	〈サッカーを通して何が学べたか、また、サッカーをしたことない人にサッカーの魅力をどう伝えるか、自分なりにまとめてみよう〉	

サッカー指導をより
充実させる
オプションプラン

導入 | 協力おにごっこ

活動のねらい

- ・仲間との助け合いや知恵に働きかける。
- ・状況を見ながら予測して、様々なステップを使って動く。

生徒の実態に応じた工夫

- ・ペアは立って止まった状態で。
- ・ペアが寝た状態で。
- ・ペアも手をつないだまま動くことができる。

指導（言葉かけ）のポイント

- ・仲間と協力して逃げている、追いかけている、助けている。
- ・予測して動いている。

....

（1）方法：

- ・2人1組で手をつないでいたら捕まらない→1人になったら逃げる
- ・逃げている人が2人組の1人と手を繋いだら、もう一方（逆側）の1人が 手を放して逃げる。
- ・おには2〜3人（捕まったらおには交代）

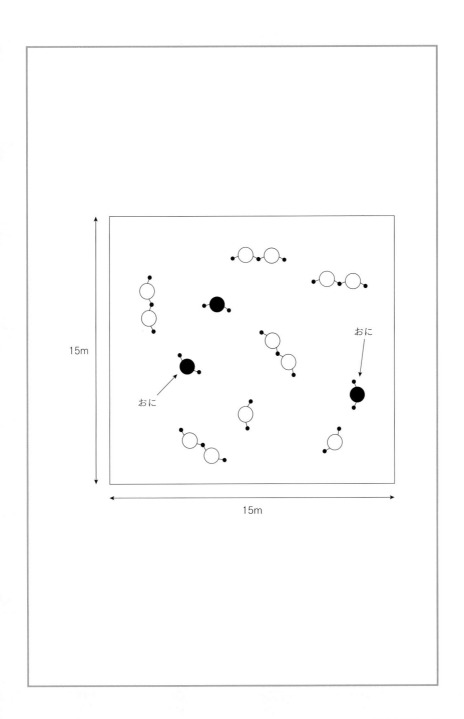

15m

15m

おに

おに

パスとコントロール

・止まっている状態で正確なパスとコントロールをする。
・味方が操作しやすいパスを送る。

生徒の実態に応じた工夫

真ん中でパスを受ける人は手でキャッチ。
真ん中でパスを受ける人は足でコントロールしてターンする。

指導（言葉かけ）のポイント

・ボールをねらったところにパスしている。
・ボールをコントロールした後、スムーズにターンしている。

(1) 方法：
・1か所は5人1組。
・真ん中の人はターンしてパスをする。
・パスを出したところに移動する。

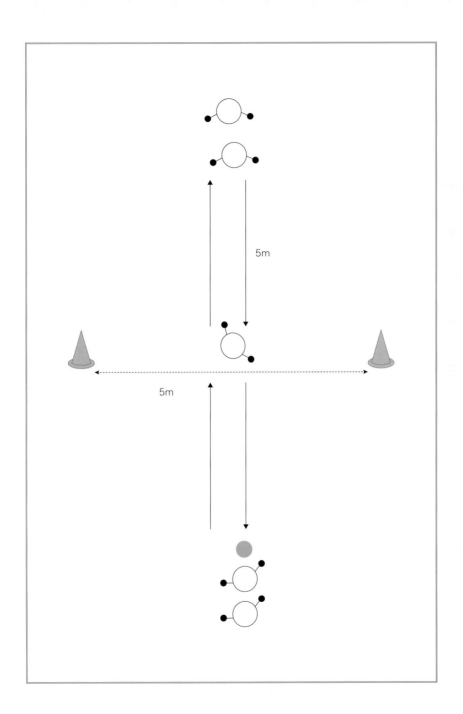

5m

5m

ヘディング・ボレー

活動のねらい

- ・相手がいない状況でのヘディング、ボレー。
- ・体の様々な場所でのボール扱いを経験する。

生徒の実態に応じた工夫

- ・インステップボレー
- ・インサイドボレー
- ・もも
- ・胸
- ・ヘディング

指導（言葉かけ）のポイント

- ・ねらったところにパスしている。
- ・テンポよく何度もチャレンジしている。

(1) 方法：
- ・2人1組で向かい合って、ヘディング・ボレーを行う。

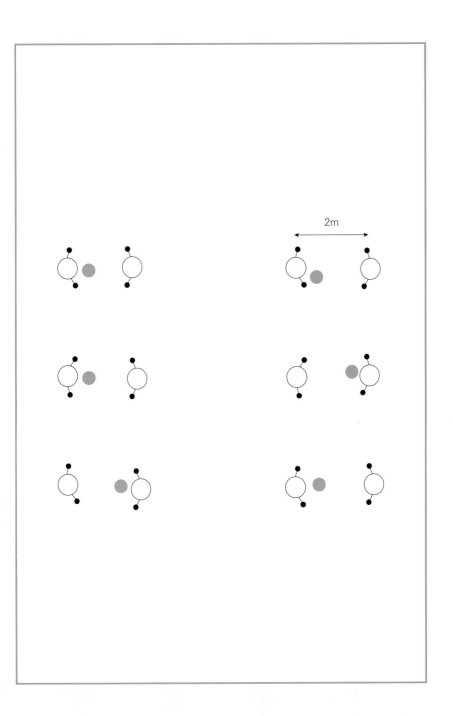

パスを回せパス＆ゴー

周囲の状況・ボール保持者の状況を見て、空いているエリアへ移動してパスを受ける。

周囲の状況を見て、空いているエリアに移動した味方へパスをする。

グループで協働してエリアを移動する。

パスしたら動いて次のプレーに移る。

パスワークで味方と協力してボールを保持し空いているところへ運ぶ

生徒の実態に応じた工夫

①隣のエリアへ移動。

②自由に空いているエリアへ移動。

③グループ内でパスの順番を決める。

④グループ内で自由に3本パスを回したら4本目のパスで違う空いたエリアへ移動。

指導（言葉かけ）のポイント

・味方と声を掛け合ってグループで協力している。

・周囲を観て空いているエリアを意識して動いている。

・パスをしたら動いている。

. . . .

（1）大きさ：20m×30m

（2）用具：ボール、マーカー

（3）方法：

・コートを6分割する

・4人1組でボール1個

・4人で1つのエリアに入り、パスを回す

・パスを回しながら空いているエリアへ移動する

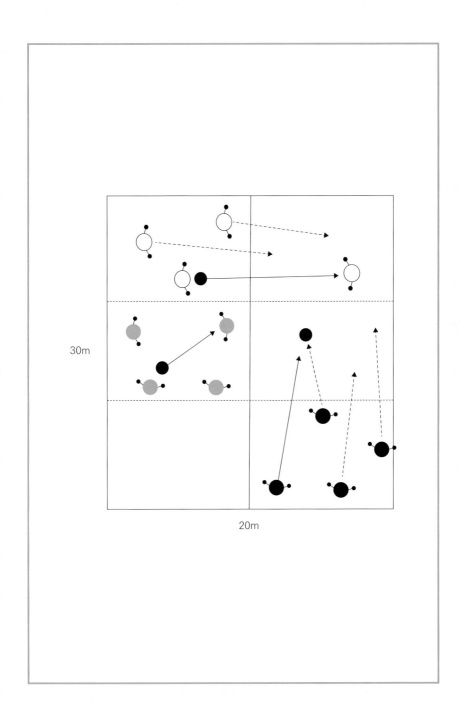

30m

20m

導入 | しっぽとり

活動のねらい

- ・周囲を見ながら様々な動きをする。
- ・仲間との助け合いや知恵に働きかける。

生徒の実態に応じた工夫

- ・1対1
- ・2対2（手を繋ぐ、縦に並ぶ）
- ・チーム対抗

指導（言葉かけ）のポイント

- ・相手を見ながら様々なステップで動く。
- ・仲間と協力して積極的に活動している。
- ・動きの意図を仲間に伝えている。

(1) 方法：

- ・ゼッケンをしっぽにして取り合う。
- ・取ったゼッケンを相手に返し何度でも行う。

（ゼッケンを多数用意し、なくなるまで行う方法もあり）

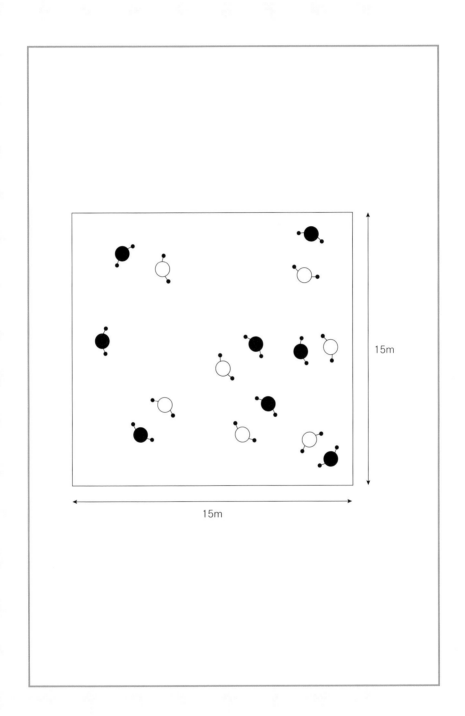

15m

15m

川渡りオニ

- ・様々なステップで動き作り。
- ・相手に反応して動く。
- ・仲間と協力してスペースを作る。
- ・スペースを作るための協力に気づき、仲間に伝える。

コーンの間を広く、狭く。

川を1つにして守備を2人1組にして手を繋がせる。

- ・積極的に活動している。
- ・スペースの作り方に気づき仲間に伝えている。

(1) 方法：

- ・8対8
- ・攻：一斉にスタートし、何度でもチャレンジ
- ・守：ライン上しか動けない

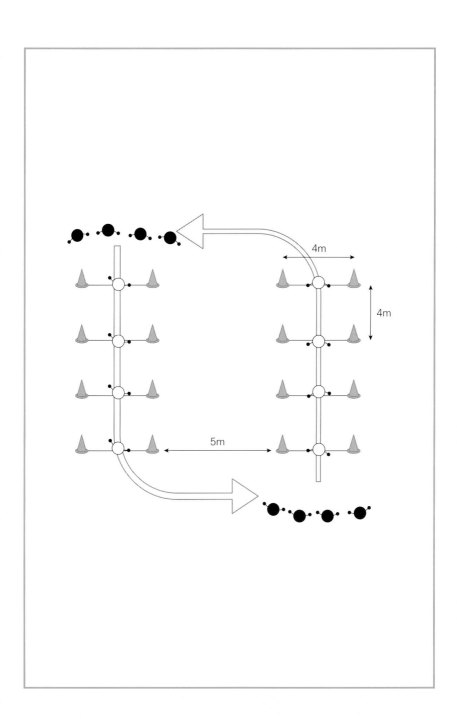

どんじゃん

活動のねらい
・楽しみながらボール（ドリブル）に慣れる。
・仲間と協力して活動する。

生徒の実態に応じた工夫
・場所の入れ替え（曲、左右）
・じゃんけんの方法（手・足、勝ち進み・負け進み 等）
・レベルに合わせたボールの選択
・新聞ボール（ソフト系）
・空気を抜いたボール

指導（言葉かけ）のポイント
・何度もチャレンジし、積極的に活動している。
・仲間と協力（声掛けなど）し活動している。

(1) 方法：
・4人1組程度の人数
・1人ずつライン上を走り、出会ったらじゃんけん
・じゃんけんで勝てば進み、負ければ自チームの最後尾へ戻る
・相手側のコーンにタッチすると1点
・慣れてきたらドリブルをしながら（ボール1人1個）

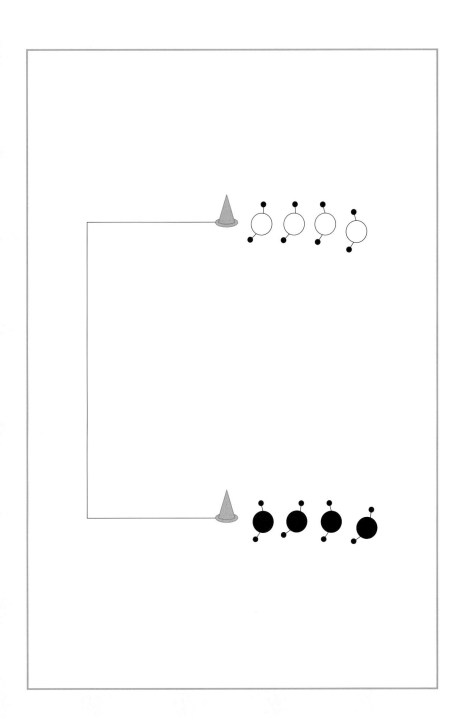

活動 ゲートを通せ

活動のねらい

・相手を見て空いているところにシュートする。

・パスを受ける味方がシュートしやすいパスを出す（パスの正確性）

指導（言葉かけ）のポイント

・積極的に何度もシュートしている。

・相手を見て空いているところにシュートをねらっている。

(1) 方法：

・5人1組。

・2人で協力して反対側にシュートする（シュートラインの手前からシュート）

・守備側はシュートを通させないように線上で守る。

・時間を区切って（1分程度）ローテーションして守備する人を変える。

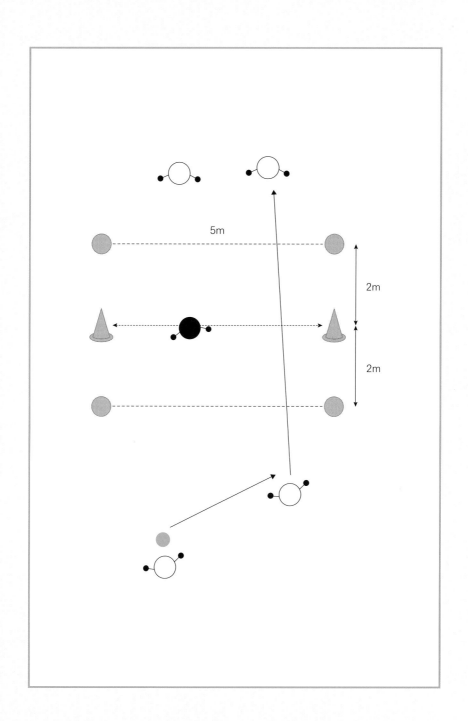

5m

2m

2m

4対4+ターゲットマン

活動のねらい

・相手がいる状況での動きながらのヘディング、ボレー。
・パスを出した後に動いて空いているスペースに走りこむ。
・ボールを持っていない相手をマークする。

生徒の実態に応じた工夫

守備側はパスカットで攻守交替する。
守備側はパスカットとボール保持者の体にタッチで攻守交替する。

指導（言葉かけ）のポイント

・積極的にシュートをねらっている。
・パスを出した後シュートをしやすい位置に動いている。

(1) 方法：
・ボール保持者は動けない。
・ハンドパスで相手からボールを奪われないようにする。
・ターゲットマンにはヘディングかボレーで渡して1点。
・守備側がボール保持者にタッチするかパスカットで攻守交替する。

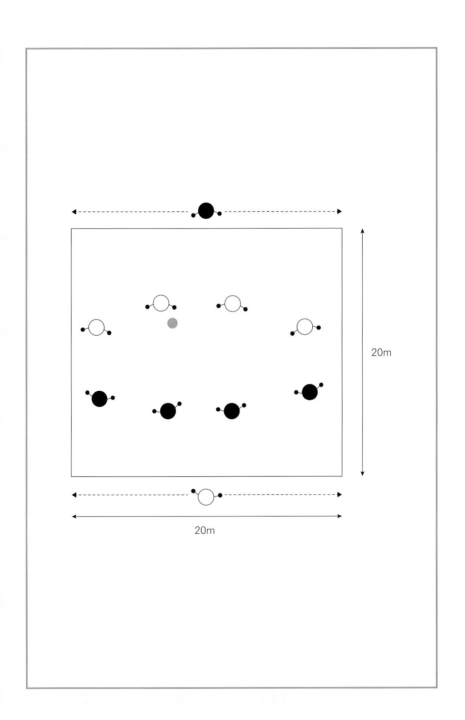

20m

20m

4 対 2

活動のねらい

相手の状況を観ながらボールを操作し、選択肢を 2 つ持ちながらパスを出す。

ボール保持者の状況や味方・相手を観ながらパスを受けられる位置取りポジションを取る。

パスや次のことを考えてボールコントロールを正確にする。

ボールを奪うチャンスを 2 人で協働して狙う。

指導（言葉かけ）のポイント

・相手や味方を見てプレーしている。

・パスを受けやすい位置へ動いている。

・味方と声を掛け合っている。

・味方にアドバイスをしている。

・味方と協働してボールを奪う意識がある。

（1）大きさ：10m×12m

（2）用具：ボール、マーカー、

（3）方法：

・攻撃者は守備者にボールを奪われないようにボールを保持

・ボールを失ったら順番で守備

・基本的には時間で交代

・2 人 1 組でチームをつくり対抗戦をすることも可能

・難しい場合には 5 対 2 で行う

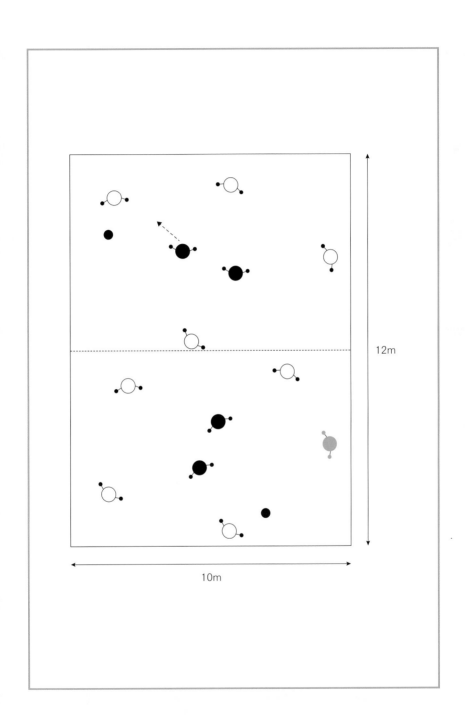

12m

10m

ボールフィーリング

たくさんボールに触れ、慣れる。

自分に合ったレベルの課題にチャレンジさせる。

仲間の動きの良いところを見つけるとともにほかの仲間に広める。

・自分に合った課題を見つけている。

・何度も積極的にチャレンジする。

・良い働き（コツ）を見つけている。

・仲間に分かりやすく伝えている。

(1) 方法：

ボールハンドリング

・ボール1人1個

・投げ上げキャッチ、ジャグリングなど

簡単なリフティング

・ワンバウンド、ツーバウンド

・膝、ヘディングなど

コピードリブル

・前後になってドリブルしながらついていく。

・前後を交代したり、人数を増やしたり、条件（左右や足のどこを使うか）を
　出したりする。

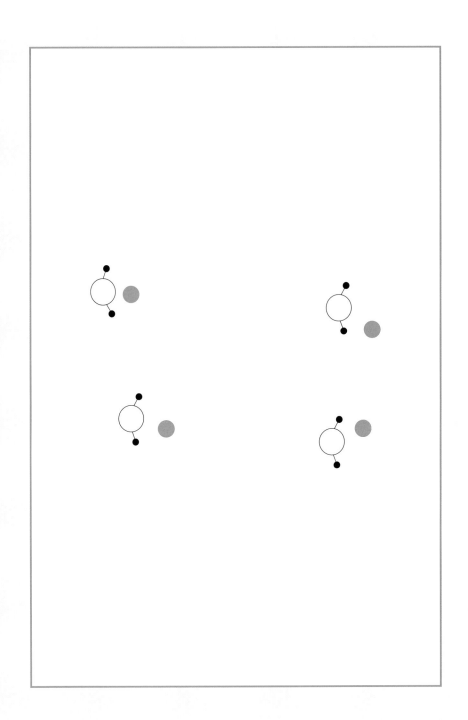

活動 川渡りドリブル・パス

活動のねらい

- おにごっこの楽しさの中でドリブルやパスの練習をさせる。
- 相手を見ながら空いたスペースを見つけ、攻撃させる。

生徒の実態に応じた工夫

- 川を1本にする。
- 守備者を手つなぎにする。
- コーンの間を広く、狭くする。
- 同じ場で回旋もできる。（右図）

指導（言葉かけ）のポイント

- 仲間と協力して空いたスペースから攻撃しようとする。
- 気づきを仲間に伝えようとする。

（1）方法：

- ボールをドリブルしながらコーン間を突破する。
- おにはライン上を動き、ボールをけり出す。

152

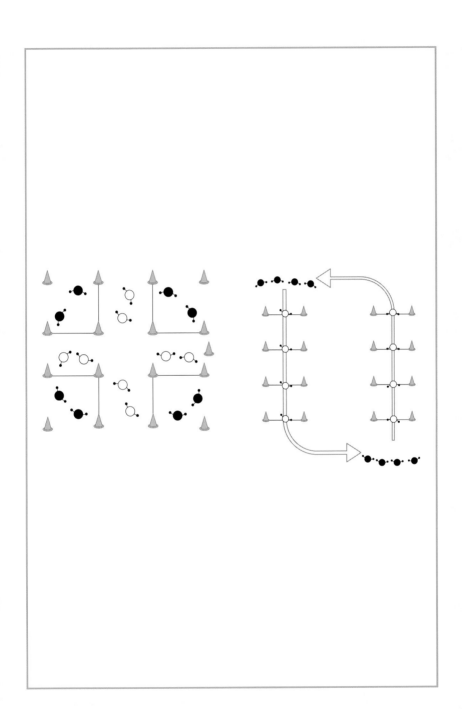

川渡りパス

活動のねらい

- ・状況を見て、パスコースを意識しながらパスをする。
- ・意図的におに（DF）を動かし、スペースを作る
- ・守備は4人で協力してパスカットを狙う。前後の2組で協力する。
- ・どうしたらスペースを作れるか考え、仲間に伝える。

生徒の実態に応じた工夫

ドリブルでゾーン侵入。

守備を2人ずつの2組にする。

指導（言葉かけ）のポイント

- ・状況を見てねらいをもってパスしている。
- ・状況を見てボールを受けようとしている。
- ・仲間と協力してパスコースを消そうとしている。
- ・気づきを仲間に伝えている。

（1）方法：

- ・ウォーミングアップの2つの場を合わせる。
- ・おには手つなぎでライン上で守る。
- ・攻撃はパスをつなぎながら得点を目指す。
- ・得点は川を渡った本数
- ・浮き球はNG

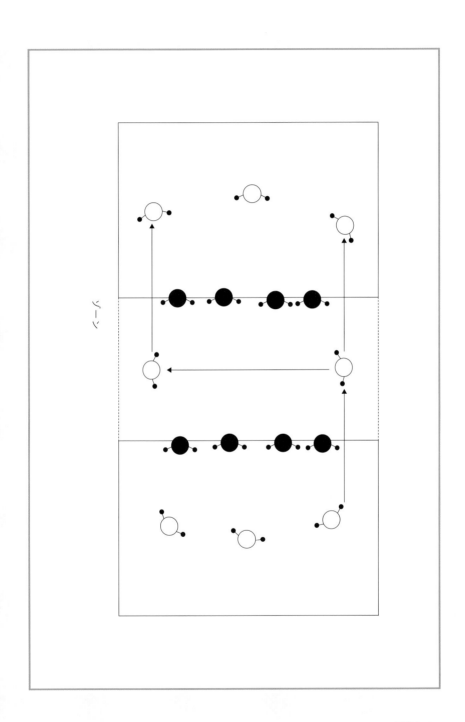

活動 2対1→2対1シュート

活動のねらい
- 相手を見て自分でドリブルか味方へのパスを選択する。
- 状況を見ながら、得点しやすいポジションにいる味方にパスを出す。

生徒の実態に応じた工夫
- 守備1のみ
- 守備1と守備2（左図）
- 守備1と守備2とゴールキーパー

指導（言葉かけ）のポイント
- 味方、相手を意識しながらプレーしようとする。
- 味方のプレーを見て手助けしようとする。

(1) 方法：
- 攻撃側は2人、守備側が前と後ろのゾーンで1人ずつ入る。
- 後ろのゾーンでは守備1と2対1、前のゾーンでは守備2を突破してシュートする。

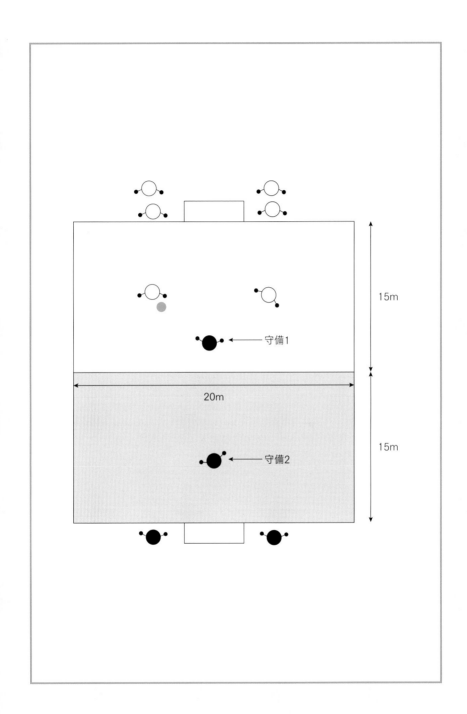

15m

20m

15m

守備1

守備2

三角ゴールゲーム

活動のねらい

・ゴールを目指す。
・つまったら空いているゴールをねらう。
・空いた方からの攻撃を意識させる。

指導（言葉かけ）のポイント

・相手を見ながら、攻めやすい方のゴールを見つけようとしている。
・3つのゴールがあることを意識して攻め、守っている。

（1）方法：
・5対5＋GK のゲーム。
・3つの辺のどのゴールにシュートしてもよい。互いのチームが3つずつの
　ゴールを攻め、守る。
・中央にある三角形ゴールを GK が守る。
・1つのゴールに相手の守備が集中して攻めにくかったら、残り2つのゴール
　を目指す

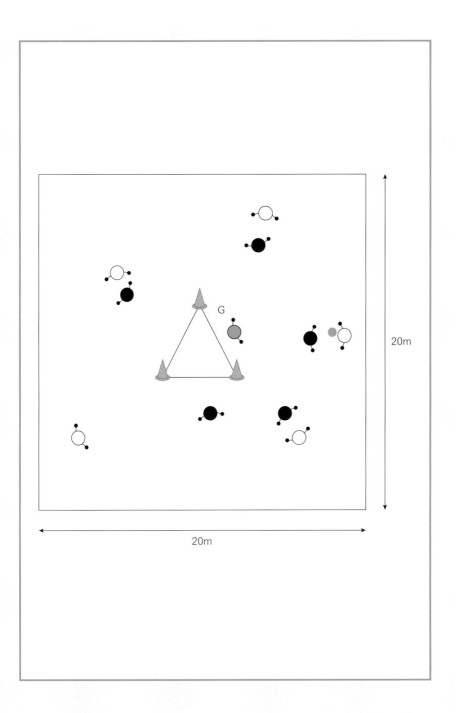

20m

20m

G

4対4＋4 攻撃サポーター

活動のねらい

・コーンゴールのある縦方向を意識してプレーする。

・相手の状況を観て判断して、ドリブル・ターンでボールを保持し空いているところへ運びパスやシュートの選択肢を持つ。

・自分の技術課題に積極的にチャレンジする。

・相手の状況を見て判断して、パスワークで味方と協力してボールを保持し空いているところや空いているコーンゴールを意識してパスを展開しシュートを狙う。

・相手の状況を見て判断して位置取りをして、味方と協力して空いているコーンゴールを狙う。

・ボールを奪いにいき、ゴールを守る。

生徒の実態に応じた工夫

攻撃サポーターの自由度

・ピッチ内参加は 4 人〜0 人

・ピッチ外サポーターのシュートの有無

・ピッチ外サポーターの配置（左右・前後）

指導（言葉かけ）のポイント

・空いたところをねらいながらドリブルやパスをしている。

・空いているコーンゴールを意識しながらプレーしようとしている。

・パスを受けやすい位置、ゴールを狙いやすい位置へ動いている。

・味方と声を掛け合っている。

・味方にアドバイスをしている。

（1）大きさ：40m×20m、コーンゴール幅 3〜5m

（2）用具：ボール、コーン、マーカー、ビブス

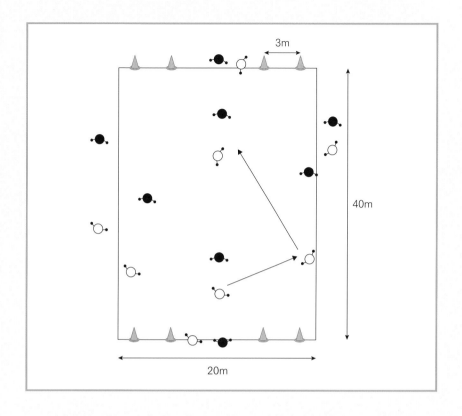

2ゴール縦長ゲーム

（3）方法

・攻撃4人＋4サポーター守備4人

・攻撃4人＋4サポーターは相手左右2つのコーンゴールを狙う。

・守備4人は自陣左右2つのコーンゴールを守る。

・4人の攻撃サポーターは攻撃時のみ参加できる。

・ボールが外に出たら自陣のサポーターからのパスで再開する。

3対3　ラインゴール

活動のねらい

・3人で協力して、空いているスペースを見つける、作り出す。

・相手の動きを見て反応する。

・攻撃：どこでボールを受けるのか。

・守備：突破されないポジション。

・攻・守で突破する／突破されないようにするための動きを見つける。

指導（言葉かけ）のポイント

・空いているスペースを見つけている。

・パスをしようとしている。

・パスを受けようとしている。

・ドリブルしようとする。

・突破する／突破されないようにするための動きを見つけ、伝えている。

(1) 方法：

・ゴールラインをドリブル通過 or パス通過で得点。

・周りの生徒（◎）は壁役でラインから出そうになったボールを跳ね返す。

・展開として4対4もあり。

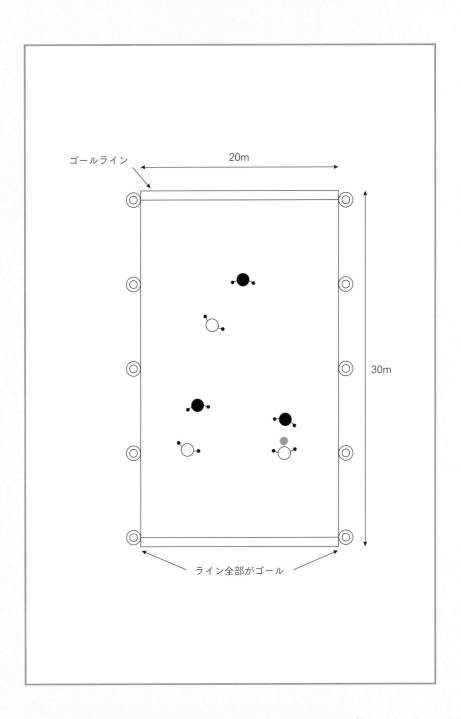

ゴールライン

20m

30m

ライン全部がゴール

4 ゴールゲーム

活動のねらい

- 相手の状況を見て空いているスペース、ゴールから攻撃する。
- 守備はゴールを守り、ボールを奪おうとする。
- ドリブルかパスかを判断する、仲間に伝える。

生徒の実態に応じた工夫

- どちらの攻撃にも参加するフリーマンを入れる
  （サッカー部生徒がおすすめ）。
- 得点をシュートにすることもできる。

指導（言葉かけ）のポイント

- 空いているスペースを見つけている。
- 見つけたスペースにドリブル、パスを選んで攻撃している。
- 仲間に気づきを伝えている。

(1) 方法：
- 3 vs 3 または 4 vs 4
- 2 つのゴールを目指す
- 得点はドリブル通過 or パス通過
- 周りの生徒（◎）は壁役で、ラインから出そうになったボールを跳ね返す。

(2) 発展：6 ゴールゲーム
- 両サイドの 1 点ゴールはドリブル通過で得点
- 中央の「2 点ゴールはパス or ドリブルどちらでも可。
- 2 点ゴールを広くして GK を入れシュートというルールも可。

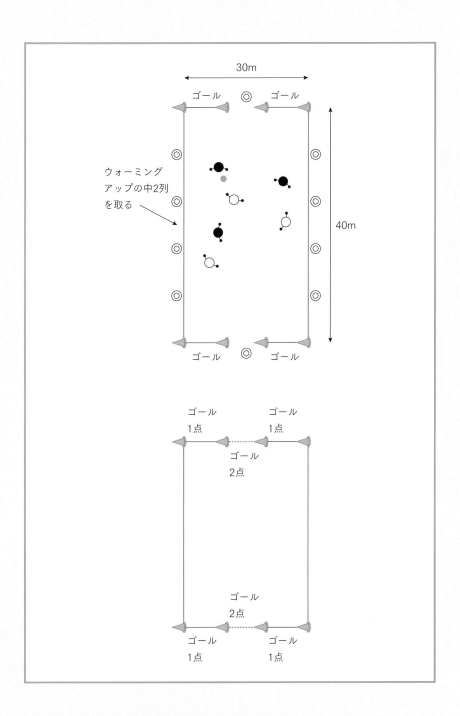

30m

ゴール ◎ ゴール

ウォーミング
アップの中2列
を取る

40m

ゴール ◎ ゴール

ゴール　　　　ゴール
1点　　　　　1点
　　ゴール
　　2点

　　ゴール
　　2点
ゴール　　　　ゴール
1点　　　　　1点

４対４＋４ラインマン

活動のねらい

・ゴールマンを見て、攻撃方向を意識する。

・ボールが通ることを優先する。

・どうしたらゴールマンにわたるかポジショニングを見つける。

指導（言葉かけ）のポイント

・パスが渡りやすくなるための動き方に気づいている。

・ゴールマンを見てプレーしている。

・気づきを仲間に伝えている。

(1) 方法：

・４人のゴールマンへのパスを目指す。得点したら逆のチームからスタート。

・４対４が難しい時は３対３やフリーマンを使う。

・ゴールマンを減らし、再度に壁役を置くのもよい。

・交代は得点または時間でおこなう。

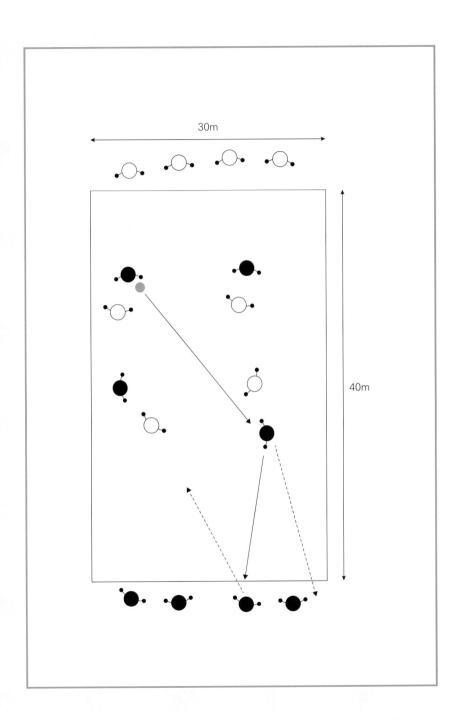

30m

40m

5 対 5 ①

活動のねらい

練習したことを、ゲームでたくさん発揮してみよう！

・相手を見てパスコースを意識しながらボールを運び、ゴールを目指す。

・仲間と協力して守備をする。

指導（言葉かけ）のポイント

味方、相手、スペースを意識しながらプレーしようとしている。

突破されないように守備をしようとしている。

フェアなプレーを守ろうとする。

（1）方法：

・途切れない。

・全員参加。

・ゴールキーパーはゴール前で手を使って守備をする。

・タイムキーパーを入れる。

・セルフジャッジで行う。

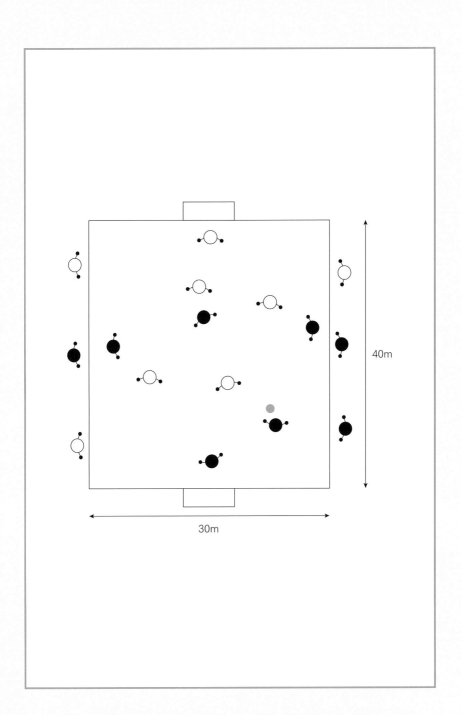

40m

30m

5 対 5 ②

活動のねらい

・学んだことをゲームの中で発揮する。

・仲間と協力する。

・スペースを見つけて攻撃する（ドリブル、パス）

・守備をする

指導（言葉かけ）のポイント

・簡単な作戦を立てる。

・スペースを意識

・自分たちの特徴を活かす

・フェアプレーをする。

生徒の実態に応じた工夫

・4 対 4、3 対 3、5 対 5 も可能。

・ゴールの大きさにより GK の条件変更。

（GK なし、GK は手を使わない）

(1) 方法：

・GK は手を使っても OK

・◎は壁役

・セルフジャッジ

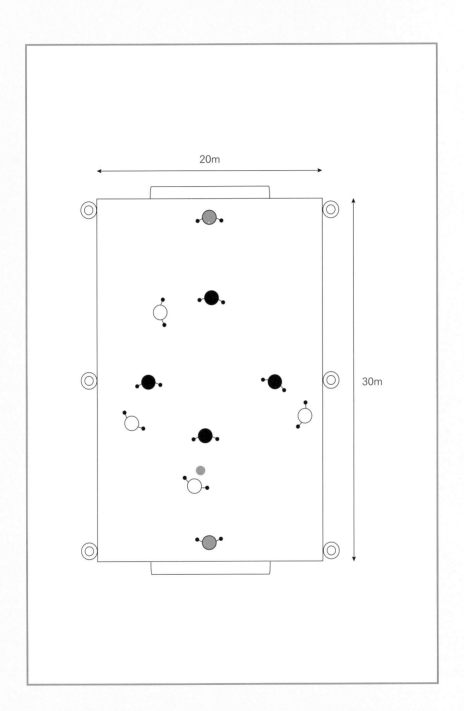

20m

30m

ゲーム｜8 対 8

活動のねらい

- ゴールを目指し、ゴールを守る。
- 味方と協働して全力を尽くす。
- 活動で意識したことをゲームでたくさん発揮する。
- 相手の状況をみて、ドリブルやターンでボールを保持し空いているところへ運びシュートやパスの選択肢を持つ。
- ゲームの中で自分の技術課題に積極的にチャレンジする。
- 相手の状況を見て判断して、パスワークで味方と協力してボールを保持し空いているところへパスを通しシュートをねらう。
- 相手の状況を見て判断して位置取りをして、味方と協力して空いているところからゴールを目指す。

指導（言葉かけ）のポイント

- 空いたところをねらいながらドリブルやパスをしている。
- 空いているところを意識しながらプレーしようとしている。
- パスを受けやすい位置、ゴールをねらいやすい位置へ動いている。
- 味方と声を掛け合っている。
- 味方にアドバイスをしている。

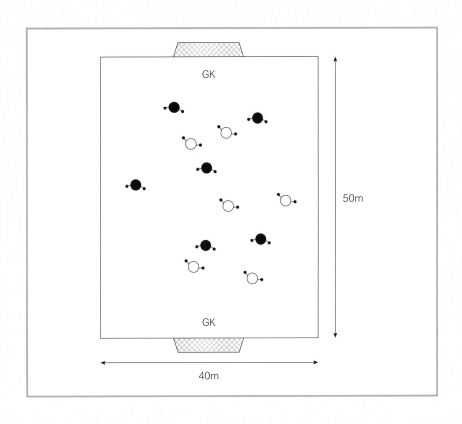

GK

50m

GK

40m

テーマと指導要領との関係

技能：on　パスやドリブルなどでボールをキープすること（1・2学年）。

マークされていない味方にパスを出すこと。

得点しやすい空間にいる味方にパスを出すこと。

守備者とボールの間に自分の体を入れてボールをキープする

こと（3学年）。

技能：off　ボールとゴールが同時に見える場所に立つこと（1・2学年）。

パスを受ける前にゴール前の空いているところへ動くこと。

第 3 章

教材としての
サッカーの活用

教材としてのサッカーの活用
（中学校 3 年生を対象に）

① サッカーを多様な学びにつなげる ────────

　中学校第 3 学年では、学習指導要領「内容の取扱い」を踏まえながら年間指導計画を作成すると、1 つの教材で 30 時間程度の大単元を組むことも可能となります。サッカーを教材として体育学習をする際には、単に技能を高めることや知識を得ることのみに留まらず、ほかのスポーツ種目に生かすことができる汎用的な学習をすることや、スポーツが国籍や性別、障害の有無等を超えて人々を結びつけるものであることを理解できるようにするなど、多様な学びにつなげたいものです。

　そこで、これまで紹介してきた展開例を基盤として、さらに学習活動を加えた活動例を紹介します。

② サッカー大会の企画や運営をおこなう ────────

　学習指導要領第 3 学年の例示には「球技の学習成果を踏まえて、自己に適した『する、みる、支える、知る』などの運動を継続して楽しむための関わり方を見付けること」とあります。プレーするだけでなく、見ることや支えることなど、生涯にわたって自分なりの楽しみ方が見つけられるよう、サッカー大会の企画・運営を学習内容に盛り込むことができます。

　通常、単元の最後はゲームでまとめることが多いですが、これをサッカー大会のイベントとして企画や運営を学習活動に位置づけます。時間割を調整して学年全体でゲーム大会を行ってもよいでしょう。

　評価規準には「球技の学習成果を踏まえて、自己に適した『する、みる、支える、知る』などの運動を継続して楽しむための関わり方を見付けている」（思考・判断・表現）と「自己の責任を果たそうとしている」（主体的に学習に

取り組む態度）などを加えます。

①オリエンテーション（1時間）

　オリエンテーションでは、最後はゲーム大会の企画や運営を生徒でおこなうことを伝えます。チーム内の役割分担も決め、学習の見通しや自分の役割に自覚をもてるようにします。

役割分担の例

	チーム内での役割	大会の企画・運営
企画係	全体の連絡をチームに伝える	大会の全体企画や進行をおこなう
キャプテン	チームのまとめ役	チームのまとめ役
作戦・審判	チーム内の練習や作戦などをリードする	審判係
用具係	用具の片付けや準備	会場や用具の準備
記録係	活動や試合の記録	試合の記録
応援係	メンバーを励ます	応援活動をリードする

②企画会議（1時間）

　係ごとに集まり、大会運営における役割分担について話し合います。企画係については、授業以外の時間で集まり、予め全体の企画について話し合わせることも考えられます。

③サッカー大会（2時間※学年全体で行う場合3〜4時間）

④振り返り

　学習カードに書き込みをしながら単元の振り返りをおこないます。サッカーの知識（わかったこと）や技能（できるようになったこと）以外にも、サッカー大会の企画・運営に関わって「自分の責任を果たせたか。」「これからサッカーとどんな関わり方をしたいと思ったか。」など多様な観点から振り返りができるようにします。

　学習指導要領「学びに向かう力、人間性等」第3学年の指導内容には「一人一人の違いに応じたプレイを大切にしようとすること」とあります。これは体力や技能の程度、性別や障害の有無等に応じて、それぞれの状況に応じた挑戦を大切にしようとしたり、練習の仕方やゲームのルール修正に合意できたりする態度を育てようとするものです。

　ブラインドサッカーの体験を取り入れることで、一人一人の違いに応じた配慮の仕方について考えさせることができます。この学習によって、将来、スポーツのよりよい環境づくりに貢献できるような実践力が身に付くことも期待できます。

　ただし、見えないことによる衝突・転倒等のリスクがあるので、慣れていない場合にはかなり難しいものです。安全への配慮には十分に留意ください。

活動の導入

①2人組になり、片方がアイマスクをし、手をつないでもう一人がガイドをして歩く。見えないことの難しさ、信頼、ガイドの難しさ、安全なガイドの仕方等を体験する。

②2人×2組になり、片方がアイマスクをし、対面でパスとコントロールを行う。

　転がってくる音を聞いてボールを受ける練習、パスをする練習をする。

　ペアがガイドをし、受ける、パスをする際のガイドをする。

③両足の間でタップしながら進むブラインドサッカーのドリブルを体験する。

活動①「1対1（目隠し）＋GK（目隠しなし）

①活動のねらい

・GKは、目隠しをした味方にどのようにアドバイスや支援をすればよいか理解し、適切なアドバイスができる。

・FPは、目隠しをしてプレーすることの不安を体験し、適切なアドバイスについて理解できる。

（1）大きさ：10×5m、コーンゴール幅4〜5m、

（2）用具：ブラインドサッカー用（音の出る）ボール、コーン、マーカー、
ビブス

（3）方法：1人対1人（目隠し）＋ゴールキーパー2人（目隠しなし）
（友達と手をつなぎリードしてもらう）

・FP2人はそれぞれ目隠しをして相手ゴールをドリブルやシュートでねらう。

・GK2人は目隠しをせず、味方にアドバイスを送りながらゴールをねらわせ、
ゴールを守る。

・ゲーム後は、指示が分かりやすかったか、安心してプレイできたかなど振り
返りをする。

②指導（言葉がけ）のポイント

・主にGKに対して味方への指示の仕方について声がけをする。
声の大きさはどうか、ボールやゴールの位置を分かりやすく伝えているか
味方のよいプレーを賞賛しているか。

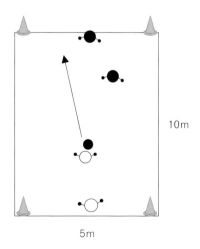

10m

5m

活動②ブラインドサッカー「3対3（目隠しあり・なし）＋GK」
①活動のねらい
・ブラインドサッカーを通じて、障害等の違いを超えてスポーツを楽しむための配慮について理解し、取り組むことができる。
(1) 大きさ：35（25）m×15m、コーンゴール幅3〜5m、
(2) 用具：ボール、コーン、マーカー、ビブス
(3) 方法：3人対3人＋GK
・FP3人のうち1人または2人が目隠しをしてゲームを行う。
・目隠しをしないFPとGKは、目隠しありのFPにアドバイスを行いながらゲームを行う。
（待機している味方にアドバイスを行わせてもよい。）
・ゲーム後は、アドバイスの仕方や気付いたこと等の振り返りを行う。
・実際にブラインドの選手や同様のスポーツ活動に携わる方の話を聞くような活動をすることも豊かな学びにつながる。

　また、音の無い状態でのサッカーを体験するために、全員が声や音の合図を一切出さずに行うことで、いかに普段音の情報に頼っているか、音が無い場合に顔を上げて周囲を見て情報を収集することがいかに重要でありまた難しいか

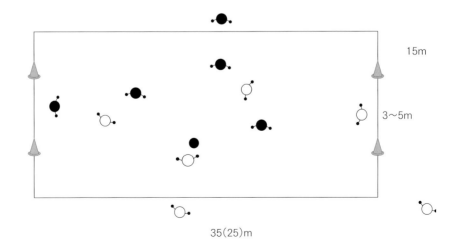

15m

3〜5m

35(25)m

等を体験することができます。

　いずれにせよ、安全には十分に配慮することが重要です。

 ICT を利用したゲーム分析をおこなう ―――――――

① ICT を利用した反転授業

　ICT 機器を利用して、サッカーの授業をより充実した内容にするために反転授業による指導方法とセットで実施しましょう。

　従来の授業では、教師が授業で教えたのちに、生徒が課題（宿題）として反復することで定着を図ってきました。この順序を反転させ課題に取り組むことからスタートする反転授業では、事前学習や授業間の学習に ICT を利用することで、生徒のプレータイムを阻害することなく、また屋外の活動が中心となるサッカーにおいて ICT 機器関係のハードやソフト（無線 LAN・データ配信・収集・教材提示）、ヒューマン環境（不慣れ・映像の読み込み・再生時間）のデメリットの解消にもつながります。例えば、事前学習の配信課題Ⅰとして新聞紙サッカーボールを自分にとって使用しやすいように各自 1 個作成させます。準備するものは、新聞紙、ビニール袋かレジ袋、ガムテープです。最初に新聞紙を 1 枚クシャクシャに丸めて中心となる球を作成し、その後その球を包むようにクシャクシャにしながら丸めていきます。ボールの硬さや大きさは、丸めるときの圧迫の仕方や新聞紙の枚数で調整します。最後はビニール袋に入れて、ガムテープを四方八方に巻き付けて出来上がりです。

　課題Ⅱからは、実技課題を初級編から上級編までのボールテクニック動画で提示して、生徒は自己分析から目標を立てさせ、初級編からチャレンジさせて授業の進行とともに段階的に目標のレベルを目指します。自宅での事前学習や間の学習では弾みにくい新聞紙サッカーボールで取り組み、学校ではサッカーボールで事前に考えてきたこと解決策にチャレンジさせます。生徒間のステージ昇級の確認や技能知の共有も可能です。初級編として※ 2「JFA　めざせクラッキ！ステージ①〜⑥」、中・上級編として※ 3「JFA　めざせファンタジスタ！ステージ⑦〜⑳」が利用できます。ドリブルフェイント＆ターンを中心に対象生徒のレベルに応じて課題の難易度を設定してください。

② ICT を利用した技術分析・ゲーム分析

　学習指導要領「知識」第 3 学年の指導内容には「運動観察の方法などを理解する」とあり、例示には「運動観察の方法では、ゲームの課題に応じて、練習やゲーム中の技能を観察したり分析したりするには、自己観察や他者観察などの方法があることを理解できるようにする。」とあります。そこで ICT（タブレット等）を使用して、自分たちのゲームを撮影し、学習課題の戦術やボールテクニックについて自宅での間の学習や授業内でのゲームとゲームの間のチームミーティング時にも活用できます。

　例えば技術について指導する場合、まず授業前に各自でテクニックの動画を検索しキックやボールコントロールの技術のプレー前・プレー中・プレー後におけるコツ（技術の構成要素）を確認させておきます。授業では、パスやボールコントロール、シュートにチャレンジする各自の活動をグループ内において交代で撮影します。その後の間の学習で、各自の映像と模範の動画を比較し改善点を分析、次回の授業で修正に向けてチャレンジさせます。

③ゲーム分析を行う際のポイント

　また、サッカーの目的やプレーの原則、個人戦術について指導する場合の例として、自チームのゲームについて、試合状況を分析しやすいように朝礼台、バレーボールやテニスの審判台等のやや高いところから撮影したものを利用します。そこで自チームがボールを保持しているとき：攻撃、ボールを失った瞬間：攻撃から守備への切り替え、相手チームがボールを保持しているとき：守備、ボールを奪い返した瞬間：守備から攻撃、以上のサッカーにおける主要 4 局面における目的（右図。　攻撃：ゴールを奪う・ボールを保持する、攻撃から守備への切り替え、守備：ボールを奪う・ゴールを守る、守備から攻撃）について学習した後、間の学習で映像を再生しながら「目的達成のためのプレーができているか？　できていないか？」を 5W1H の観点で分析します。この分析結果は、チーム内で共有し、次の試合に向けての改善点としてチーム練習に取り入れ、次の試合にチャレンジします。

サッカーの仕組み
サッカーの主要な4つの局面

攻撃：自チームがボールを保持
攻撃から守備への切り替わり：ボールを奪われる
守備：相手チームがボールを保持
守備から攻撃への切り替わり：ボールを奪う

現代サッカーでは、「攻撃の厚み⇔守備の厚み」「より素早い切り替え」が攻守の一体化をもたらしている

　さらに、下記の基本構造を学習したのちに、オフの選手の分析の観点、例えば攻撃の局面において、オンの選手の状況を観て、オフの選手たちが、ボールを受けるためのスペースを作るためにボールから離れて左右のサイドに拡がったり：幅、相手ゴールに近い前方に位置取りしたり：ゴールへの厚み、自陣ゴール側に引いて受けようとしているか：後ろの厚み、あるいはスペースを作るための動きや使うための動き：活動性、といった攻撃におけるプレーの原則の観点で分析することに活用できます。

○サッカーのゲームの基本的な構造
　4つの局面を細かく見ると、攻撃は、さらに「ボールを持っている選手（オンザボール）」「ボールを持ってない選手（オフザボール）」に分けることができる。
　守備は「ボールを持った相手に対して（オンザボール）」「ボールを持ってない相手に対して（オフザボール）」に分けることができる。
　サッカーにおいてどちらも重要な局面で、良いオフの準備があって、オンの質の向上につながる。

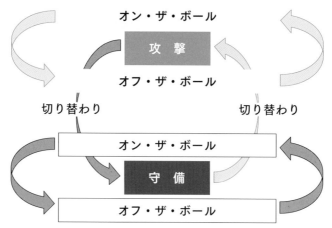

サッカーの仕組み

オンとオフの関係の連続

オン・ザ・ボール

攻　撃

オフ・ザ・ボール

切り替わり　　　　　　　切り替わり

オン・ザ・ボール

守　備

オフ・ザ・ボール

オフでの良い準備が、オンでのプレーの質の向上につながる

○プレーの原則

　主要4局面での目的を達成するためにねらいを持ったプレーが必要であり、より効果的にプレーするために原則があります。

サッカーの仕組み

攻撃と守備でのプレーの原則

攻撃 ゴールを奪うために		守備 ボールを奪い返すために ゴールを守るために
突破	⬌	遅らせる
幅・厚み	⬌	厚み・集結
活動性	⬌	バランス
即興性	⬌	自制

ゲームの中では、これらが表裏一体、混然とした中で連続して起こっている

中学校第３学年の「球技」（ゴール型「サッカー」）の「単元の評価規準」

知識・技能		思考・判断・表現	主体的に学習に取り組む態度
知識	技能		
①球技の各型の各種目において用いられる技術や戦術、作戦には名称があり、それらを身に付けるためのポイントがあることについて、学習した具体例を挙げている。 ②戦術や作戦に応じて、技能をゲーム中に適切に発揮することが攻防のポイントであることについて、学習した具体例を挙げている。	①ゴール前に広い空間を作りだすために、守備者を引きつけてゴールから離れることができる。 ②パスを出した後に次のパスを受ける動きをすることができる。	①選択した運動について、合理的な動きと自己や仲間の動きを比較して、成果や改善すべきポイントとその理由を仲間に伝えている。 ②自己や仲間の技術的な課題やチームの作戦・戦術についての課題や課題解決に有効な練習方法の選択について、自己の考えを伝えている。 ③球技の学習成果を踏まえて、自己に適した「する、みる、支える、知る」などの運動を継続して楽しむための関わり方を見付けている。	①相手を尊重するなどのフェアなプレイを大切にしようとしている。 ②健康・安全を確保している。 ③自己の責任を果たそうとしている。

サッカーの単元を
学習するなかで知識とは

　学習指導要領には知識について、その目標において1、2年生では「運動に関わる一般原則や運動に伴う事故の防止等を科学的に理解する。」「スポーツに関する科学的知識や文化的意義等の基本的事項について理解を図る。」、3年生では、「自己に適した運動の経験をとおして、義務教育の修了段階においての『生涯にわたって運動を豊かに実践する』ための基礎となる知識や技能を身に付け……」とあります。これは、3学年をとおした保健体育全体の目標となります。サッカー1単元ですべてをカバーするというものではありません。では、サッカーの単元を学習するなかで知識に関する学びとしてはどのようなものが考えられるのでしょうか。学習指導要領解説保健体育編をもとに具体的に考えてみます。

 ## 第1学年及び第2学年

　第1学年及び第2学年では「球技の特性や成り立ち、技術の名称やおこない方、その運動に関連して高まる体力を理解する」ことが目標となります。
①球技の特性や成り立ちを学ぶ
　集団対集団の活動、攻守の入り交じった攻防を展開し、勝敗を競うゴール型のゲームであることを理解することやサッカーがどのように発展を遂げてきたかなどを理解することはあえて座学で学習せずとも、活動するなかで実技中の1コマとして伝え、学ぶことはできるでしょう。
②技術の名称やおこない方を学ぶ
　各種目において用いられる技術や戦術、作戦の名称を理解することは、本書でも示している通り、単元を実践し、生徒が活動するなかで理解できると思われます。キック、コントロール、ヘディングなどの基本技術、サポート、カバーリングなどの個人戦術、ゾーンやマンtoマンディフェンス、カウンター

などのチーム戦術がその例として挙げられます。ただし、これらすべてを学ぶということではありません。活動内容に応じて学ぶ、取り上げられるほかの種目とのバランスを見ながら扱うことが必要です。

③その運動に関連して高まる体力を学ぶ

　それぞれの球技でどのような体力要素が高まるか理解することが求められています。活動を経験するなかで、生徒自身が感じることが大切だと思われます。単元のまとめの段階などで、正しい理解ができるようにおさえておくことが大切です。

② 第3学年

　第3学年では「技術の名称やおこない方、体力の高め方、運動観察の方法などを理解する」ことが目標となります。

①技術の名称やおこない方を学ぶ

　第1、2学年で学ぶ内容と同様の理解が求められるとともに攻防のポイントはゲームのなかで適切に発揮される戦術や作戦であることや技術にはボール操作（オンザボール）とボールをもたないときの動き（オフザボール）に分けられることを理解することとされています。これも、学習を展開するなかで十分に学ぶことができるでしょう。

②体力の高め方を学ぶ

　パフォーマンスは種目によってさまざまな体力要素に影響を受けます。サッカーをするなかで高まる体力要素を実感することで理解が深まると思われます。単元のまとめ等で、それを正しい理解としておさえることが大切です。

③運動観察の方法を学ぶ

　練習やゲーム中の技能等を観察したり分析したりするには、自己観察や他者観察の方法があることを理解することが求められています。この点についても本書で示している通り、ゲームを中心とした学習活動のなかでワークシートなど活用によって、自己観察、他者観察の方法を経験し、理解することが可能となると考えます。

著者紹介

［著者］

公益財団法人日本サッカー協会

［制作協力者］

中山	雅雄	公益財団法人日本サッカー協会 技術委員会 普及部会長
		国立大学法人筑波大学体育系 教授
須甲	理生	公益財団法人日本サッカー協会 技術委員会 普及部会員
		日本女子体育大学体育学部 准教授
北野	孝一	公益財団法人日本サッカー協会 技術委員会 キッズプロジェクトメンバー
		金沢市立浅野川小学校 教諭
鎌田	安久	国立大学法人岩手大学教育学部 教授
		公益財団法人日本サッカー協会 元 JFA コーチ
尾形	行亮	公益財団法人日本サッカー協会 JFA コーチ・キッズプロジェクトメンバー
		美唄市立中央小学校 教諭／北海道教育庁空知教育局 元社会教育指導班主査
鈴木	雅孝	岩泉町立岩泉中学校 校長
吉永	武史	早稲田大学スポーツ科学学術院 准教授
鬼澤	陽子	国立大学法人群馬大学共同教育学部 准教授
今井	純子	公益財団法人日本サッカー協会 理事・技術委員会 普及部会員

中学校体育
サッカー指導の教科書

2021 年 12 月 31 日　初版第 1 刷発行

［著　　　者］	公益財団法人日本サッカー協会
［発 行 者］	錦織圭之介
［発 行 所］	株式会社 東洋館出版社
	〒113-0021　東京都文京区本駒込5丁目16番7号
	営業部　TEL：03-3823-9206　FAX：03-3823-9208
	編集部　TEL：03-3823-9207　FAX：03-3823-9209
	振　替　00180-7-96823
	Ｕ Ｒ Ｌ　https://www.toyokan.co.jp/
［表紙デザイン］	株式会社明昌堂
［印刷製本］	藤原印刷株式会社

ISBN978-4-491-04531-3